KARTEN DER KRAFT

Jamie Sams / David Carson
Illustrationen: Angela Werneke

KARTEN DER KRAFT

Ein schamanistisches Einweihungs-Spiel
in den "Pfad der Tiere"

WINDPFERD
Verlagsgesellschaft mbH.

Titel der Originalausgabe *Medicine Cards, The Discorvery of Power Through the Ways of Animals*
Erschienen bei *Bear & Company, New Mexico*

Aus dem Englischen übertragen von Michael Gagern

15. Auflage 2007

www.windpferd.de

Umschlaggestaltung: Wolfgang Jünemann
Grafik: Angela C. Wernecke
Gesamtherstellung: Schneelöwe Verlagsberatung & Verlag, Aitrang
Printed in Germany · ISBN 978-3-89385-037-2

In großer Liebe und mit tiefem Respekt widmen wir dieses Werk Großmutter Twylah, die Zeit ihres Lebens den Lehren des Wolf-Clans und den Kindern von Mutter Erde diente. Für *Ya-weh-node*: Sie, deren Stimme auf dem Wind reitet.

Inhalt

Danksagung

Ich möchte meinen Medizin-Lehrern, den Frauen, die mir das heilige Wissen anvertraut haben, Dank sagen: Opal, meiner Mutter; meinen Tanten Ruby, Agnes und Phoebe. Ihr sollt alle wissen, daß ich der Medizin alle Ehre erweise und an diejenigen weitergebe, die sie brauchen könnten. Ich spüre, wie Eure Herzen mich von der Blauen Straße des Geistes her anlächeln, und mein Herz ist voll. Ich bin nicht mehr »der Unsichtbare«.

David Carson

Ich möchte mich bei meinen Medizin-Lehrern bedanken, bei den Frauen und Männern, die mich durch die Leere des Großen Rauchenden Spiegels geführt haben: bei Joaquin, meinem wunderbaren Maya-Lehrer, bei Großvater Taquitz, der mir seine uneingeschränkte Liebe geschenkt hat, bei Großmutter Twylah, die mich andauernd inspiriert und bei meinen beiden Großmüttern Olna und Verna, die mich gelehrt haben, die Sterne zu berühren, mein Herz offen zu halten und immer mit meiner Person hinter meinen Worten zu stehen.

Jamie Sams

Beide möchten wir uns bei den Mitarbeiterinnen und Mitarbeitern von Bear & Company bedanken, weil sie es waren, die diese Medizin durch ihre ungeteilte Aufmerksamkeit und fleißige Arbeit der Öffentlichkeit vorgelegt haben. Besonderen Dank schulden wir Gail Vivino für Ihre unermüdliche Arbeit, das Manuskript für den Druck zu gestalten. Angela Werneke, unserer fabelhaften Künstlerin, möchten wir den Ausdruck unserer tiefsten Dankbarkeit übermitteln, weil sie den Geschöpfen, die sie gemalt hat, erlaubte, zu ihr zu kommen, so daß sie von jedem einzelnen das innerste Wesen erfassen und wiedergeben konnte. Unserer »Süßen Nina« schicken wir unsere Liebe, weil sie die Energie aufrecht gehalten und Ihre Finger wundgetippt hat. Und schließlich bedanken wir uns bei allen unseren Verwandten. Wir halten euer Leben und euer Licht in Ehren.

Einleitung

Als wir das Wissen über die Medizin, das wir seit vielen Jahren aus dem Königreich der Tiere und von unseren Lehrern zusammengetragen haben, einmal sichteten, fanden wir, daß es veröffentlicht werden sollte, weil es für das Menschheitsbewußtsein eine Hilfe wäre. Wir haben uns also darangemacht, ganz im Sinne des Wolf Clans – als Lehrer – eine Orakel-Methode zu entwickeln, nach welcher jede einzelne Person in der Lage ist, ihren eigenen Weg durch die Medizin der Tiere zu finden.

Die Lehren variieren von Stamm zu Stamm. Wir haben hier deshalb diejenigen Gesichtspunkte aus der Medizin der Tiere ausgewählt, die dem Menschen auf seiner Suche nach Einheit mit allen seinen Verwandten helfen. Von der Natur haben wir unser Wissen und zur Natur kehren wir alle zurück. Jeder Teil der Schöpfung hat auf dem Medizinrad des Seins einen eigenen und gültigen Platz.

Wir sind in einer sehr glücklichen Lage, daß uns dieses Wissen von vielen Ältesten überliefert worden ist, die aus den Traditionen der Choctaw, Lakota, Seneca, der Azteken, Yaqui, Cheyenne, Irokesen, Cherokee und Maya kommen. Wegen dieser vielen verschiedenen Traditionen, die in unsere Information eingeflossen sind, können wir hier nur an der Oberfläche eines ansonsten sehr tiefgreifenden Verständnisses dieses Orakelsystems kratzen. Unsere Absicht ist nicht, mit diesem Buch alle Lehren über die Kraft der Tiere zu erfassen. Wir wollen vielmehr, als Schamanen oder Heiler, einen Prozeß in Gang setzen, innerhalb dessen viele Menschen die Möglichkeit erhalten, ihre Beziehung zu Mutter Erde und allen ihren Geschöpfen besser zu begreifen. Es soll sich für diejenigen, die auf der Suche nach Einheit im Leben sind, eine neue Tür öffnen.

Die Visionen, die wir bezüglich dieses Systems hatten, haben es uns als eine Art Schaukelbrücke gezeigt. Dies hilft zu verstehen, was es heißt, »im Gleichgewicht auf Mutter Erde zu wandern«. Unsere persönlichen Tiere der Kraft haben zu uns durch die Traum-Hütte gesprochen und uns gebeten, Ihnen bei der Verbreitung ihres Wissens zu helfen und dazu beizutragen, daß sich das Bewußtsein ausbreitet, daß alles Leben heilig ist.

Dieses Orakelsystem hat unser eigenes Leben mit einer wunderbaren Medizin bereichert und ist immer noch, was es zu Anfang war: eine Reise voller Lust und Kraft. Es ist ein Geschenk von den Vierbeinigen, den kriechenden Wesen, den Flossen – und den Flügelträgern. Möge es das Leben einer/eines jeden einzelnen von Ihnen bereichern und mögen Sie, die mit uns gehen, unsere Liebe spüren.

Vier Winde,
Jamie Sams und David Carson

Då̊ nāho! Wi:yo:h!
(Es ist gesagt! Es ist gut!)

Tiermedizin

Will man wissen, was »Medizin« im indianischen Verständnis bedeutet, dann muß man den Begriff neu definieren. Die Medizin, von der in diesem Buch die Rede ist, beinhaltet alles, was unsere Beziehung zum Großen Geheimnis und zu allem Lebendigen verbessert. Dazu gehört die Heilung des Körpers ebenso wie die Heilung des Denkens und des Geistes. Diese Medizin umfaßt auch alles, was persönliche Macht, Stärke und Verstehen verleiht. Es geht darum, so zu leben, daß die Erde, unsere Mutter, und alle, die zu uns gehören, heil werden: Familie, Freunde und alle Mitgeschöpfe. Indianische Medizin ist eine umfassende Lebensart, denn es gehört dazu, daß wir unseren Lebensweg auf der Erde in vollkommener Harmonie mit dem Universum vollenden.

Unsere Mitgeschöpfe, die Tiere, haben Verhaltensweisen, welche jedem, der wach genug ist, ihre Lektion über das Leben anzunehmen, diese Heilbotschaften vermitteln können. Die kostbaren Geschenke echter Medizin sind umsonst zu haben. Jede einzelne Lektion geht von einem wichtigen Begriff oder einer Idee aus, und aus Gründen der Einfachheit haben wir hier jedem Tier eine Lektion zugeordnet. In Wirklichkeit hat jedes Tier Hunderte von Lektionen zu erteilen, und alle sind Quellen der Kraft, aus denen die Menschen für sich schöpfen können.

Wenn Sie versuchen, die Kraft eines Tieres anzurufen, dann bitten Sie darum, in die vollkommene Harmonie mit der Macht, die das innerste Wesen dieses Geschöpfes ausmacht, hineingezogen zu werden. Das Verständnis dieser Brüder und Schwestern aus dem Königreich der Tiere zu gewinnen, ist ein Heilungsprozeß, an den man mit der nötigen Ehrfurcht und Intuition herangehen muß. Gewisse Elemente dieser Lehren sind von uns deshalb besonders ausgewählt worden, weil unsere Brüder und Schwestern darin etwas mitteilen, was jedes Geistwesen auf der Guten

Roten Straße lernen muß. Das sind die Lektionen über menschliches, verletzliches, ganzheitliches Leben.

Sie sind ein Teilstück des Weges zu Macht. Macht liegt im Wissen und Verstehen, welche Rolle man im Großen Geheimnis zu spielen hat und darin, daß man voller Ehrfurcht jedes Lebewesen als Lehrer betrachtet. Die Lektionen, die gelehrt werden, sind von Ewigkeit her gültig, und sie sind immer bereit, in Erscheinung zu treten. Wo es im Leben kein Lernen mehr gibt, ist auch die Magie verschwunden, und das Leben ist vorbei.

Dieses Orakelsystem ist ein winziger Aspekt des gesamten Lernprozesses, den ein Mensch durchmachen muß, um intuitiv denken zu lernen. Auf der Suche nach den Wahrheiten der Natur und den Beziehungen zu den Geschöpfen des Großen Geheimnisses muß er standhaft sein und lernen, wie man das Naheliegende im Schweigen findet. Dieses Schweigen des still gewordenen Denkens ist die heilige Fruchtbarkeit des empfangenden Geistes. Wenn Sie dieses Orakel in aller Stille benützen, dann wird durch die Art und Weise Ihrer Mitgeschöpfe, eine wunderbare neue Welt zu Ihnen zu sprechen beginnen.

Es kann sein, daß Sie Tiere entdecken, die in ganz besonderer Weise zu Ihnen sprechen – als Tiere der Kraft. Diese Geschöpfe haben vermutlich eine ganz besondere Kraft für Sie und werden in der Traumzeit zu Ihnen kommen, wenn Sie sie genauer studieren sollen. Ihr Verbündeter ist eine Tierart, mit der Sie etwas Wichtiges verbindet. Das haben Sie bereits bemerkt. Dieses Tier wird Ihr Lehrer, unter dessen Beistand Sie zu wachsen und zu lernen bereit sind. Nichts kann dabei die Beobachtung dieser Geschöpfe in ihrer natürlichen Umwelt ersetzen, denn nur dadurch verbinden Sie sich mit der Erde, dem Tier und dem Großen Geheimnis.

Der Geist des Verbündeten entscheidet sich manchmal dafür, das Bewußtsein einer Person zu betreten, die sich schon seit vielen Jahren auf dem Medizin-Weg befindet, um ihr beim Heilen zu helfen. Das ist ein Bestandteil des Initiationsprozesses in die Medizin der Tiere und schenkt dem Heiler gewaltige Kräfte.

Will man lernen, wie die Kraft einer Person, eines Lebewesens oder einer Naturgewalt angerufen wird, muß man eine ehrerbietige Haltung an den Tag legen und auch dazu bereit sein, Hilfe anzunehmen. Die kleinen indianischen Kinder wissen, daß sie die Medizin ihrer Eltern anrufen können, wenn sie sich verlaufen haben. Das gibt den Kindern die Kraft ihrer Eltern, auch wenn diese nicht körperlich anwesend sind. Die Eltern spüren plötzlich, daß die Kinder sie brauchen, und häufig können sie aufgrund ihrer psychischen Kraft und inneren Verbundenheit durch die Augen ihrer Kinder hindurch sehen, wo diese sich befinden. Das ist eine Macht, die sich aus dem Wesen der Einheit erklärt und daraus, daß jedes Lebewesen in sich einen Teil aller anderen Lebewesen trägt.

Man kann auch die Kraft eines Tieres anrufen, wenn man bestimmte Eigenschaften benötigt. Nachdem alle Dinge in diesem Universum aus den gleichen Bausteinen aufgebaut sind, nämlich aus Atomen, kann man einigermaßen zuverlässig davon ausgehen, daß wir alle durch das, was diesen Atomen zugrundeliegt, miteinander verbunden sind: durch die schöpferische Kraft oder den Großen Geist, der im Innersten des Großen Geheimnisses wohnt. Die Weitergabe dieser Wahrheiten hat den alten Völkern Amerikas viel Einsicht gebracht, und vielleicht können dieselben Wahrheiten auch Ihnen eine Tür öffnen.

Die Heilkraft der Medizin der Tiere

In längst vergangenen Zeiten war es üblich, daß eine Person, die Führung und Einweihung suchte, vor die Ältesten trat. Meistens waren es sechs Älteste, und sie saßen im Norden. Die Ältesten waren weise, und zwar nicht nur deshalb, weil sie auf ein langes Leben zurückblickten, sondern weil sie die tiefsten Geheimnisse kannten. Sie kannten die Spuren, die der Wolf im Denken hinterläßt, sie hatten viele gewaltige Visionen erlebt, und jeder hatte irgendwelche besonderen Gaben und Fähigkeiten.

Versuchen Sie, sich vorzustellen, wie sechs Älteste im Licht des zunehmenden Mondes an einem prasselnden Feuer sitzen. Die Mondsichel ist mit Blütenstaub von Maisblüten auf den Boden gezeichnet. Die Ältesten sitzen im Norden, während Sie sich von Süden her nähern: drei ältere Männer sitzen links, und rechts sitzen drei ältere Frauen. Während es ringsum dunkel ist, sind die Alten in das Licht des Feuers getaucht. Sie sitzen vor dem zweiten, dem mittleren Mann. Seine stolzen, vogelscharfen Augen halten Sie wie in einem Schraubstock gefangen. Er hält einen perlenbestickten Medizinbeutel hoch, der mit Symbolen und Machtzeichen besetzt ist und am Boden Fransen hat.

Der mittlere Mann bedeutet Ihnen, in die Tasche hineinzugreifen. Sie tun dies und ziehen etwas heraus – einen Wolfszahn vielleicht oder eine Bärenpfote. Er fordert Sie auf, diesen Gegenstand zwischen Sie selbst und ihm an eine bestimmte Stelle auf den Boden zu legen. Sie tun das, nehmen dann weitere Gegenstände aus der Tasche und legen sie zu den ersten. Jede Stelle oder Richtung hat eine eigene Bedeutung, jeder Gegenstand entspricht einer Veranlagung oder ist eine Lektion, die zu lernen ist.

Die mittlere Frau schaut sich die Gegenstände an, die Sie ausgewählt haben und die Art und Weise, wie sie von Ihnen hingelegt wurden. Dann fängt sie an, mit sanfter Stimme zu Ihnen zu sprechen.

Sie scheint bis in das Innerste Ihrer Seele hineinreichen zu können. Sie ist eine Führerin und kluge Ratgeberin. Sie sagt Ihnen, ob und auf welche Weise Sie von Ihrem Weg abgekommen sind. Sie kann Ihnen auch erzählen, ob irgendeine mißgünstige Person oder Macht Sie hereingelegt hat und wie das geschehen ist. Sie ist in der Lage, Sie zu allen möglichen Problemen zu beraten, die Ihre Gesundheit Ihnen gerade macht. Sie kann Sie in Ihrer spirituellen Entwicklung leiten. Sie läßt Sie in Ihr Innerstes hineinschauen, wie Sie es nie zuvor getan haben, und Sie entdekken dabei Ihre Übereinstimmung mit der ganzen Schöpfung. Sie kann Ihnen zu jeder Frage Rat geben. Wenn Sie die Ältesten verlassen, fühlen Sie sich gestärkt und jeder Situation gewachsen. Sie fühlen sich ganz.

Der Bedarf an solcher Führung ist heute sehr deutlich. Die Karten der Kraft können diese Rolle übernehmen. Wir leben in einer Zeit, die sich von Natur und Magie abgeschnitten hat. Diese Medizinkarten sind eine Möglichkeit, diese Trennung wieder aufzuheben.

Die neun Totem-Tiere

Auf seiner Erdwanderung wird jeder Mensch von neun Tieren begleitet, die ihm die Medizin oder die Kraft für seinen Weg geben. Diese Geschöpfe wetteifern um die Fähigkeiten, die Talente und Absichten jedes einzelnen Menschen.

Wenn jemand z.B. mit der Kraft des Wolfs sehr verbunden ist, dann ist diese Person der geborene Lehrer, Pfadfinder, Erneuerer und Anreger. Das bedeutet nicht, daß diese Person ihre Begabungen erkannt hat und voll nützt. Wolf kann hier die Aufgabe haben, diese Person an die Anerkennung ihrer Talente heranzuführen, die erst noch voll entwickelt werden müssen. Wenn eine Person ihre Talente gar nicht zur Kenntnis nimmt, dann würde man sagen, Wolf steht hier auf dem Kopf.

Wer diese Erdenwanderung beginnt, findet um seinen Körper herum sieben Richtungen vor: Osten, Süden, Westen, Norden, Oben, Unten und Innen. Die Richtung, die hier mit »Innen« bezeichnet wird, ist sowohl in Ihnen als auch außerhalb, weil ja das ganze Universum in Ihrem Bewußtsein wiederkehrt. Sie haben für jede dieser Richtungen ein Totem-Tier, das Sie die Lehre dieser Richtung lehrt. Um diese Totem-Tiere zu finden, müssen Sie die Karten verdeckt im Halbkreis vor sich ausbreiten. Dann schreiben Sie auf die linke Seite eines Papiers zunächst »Osten«, denn Osten ist die »goldene Tür« oder der Eingangspunkt auf dem Medizinschild. Dann schreiben Sie darunter «Süden«, »Westen«, »Norden«, »Oben«, »Unten« und »Innen«. Kommen Sie innerlich zur Ruhe und bitten Sie die Geschöpfe, die Ihre stillen Begleiter sind, Ihre Hand zu ihren Karten zu führen. Das erste Tier ist Ihr Tier auf der Ostseite, das zweite ist das Süd-Totem usw. Schreiben Sie die Namen der Tiere neben die Richtungen.

Die Auswahl mag Sie erstaunen, aber sie wird stimmen. Durch diesen intuitiv geleiteten Prozeß werden Sie als Suchender die Verbindung zu Ihren Führern finden. Wenn Sie diese Auswahl

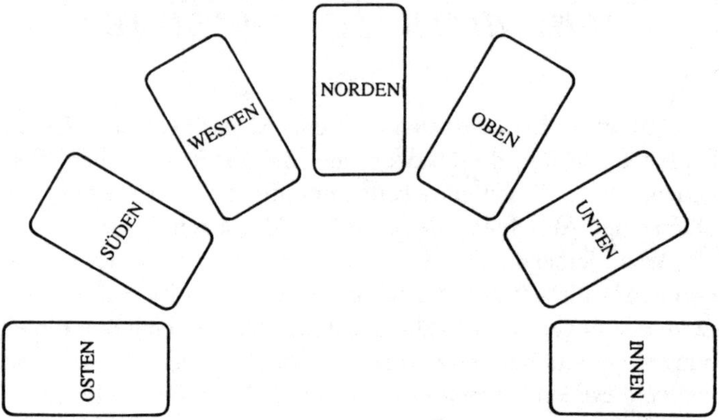

einmal getroffen haben, sollten Sie den Vorgang nicht mehr wiederholen. Dies sind dann die Geschöpfe, die Ihre Medizin haben.

Die andern beiden Tiere, die Ihre Totem-Tiere auf neun ergänzen, sind diejenigen, die immer rechts und links von Ihnen mit Ihnen gehen, und die seit Jahren in Träumen zu Ihnen kommen. Wenn sie diese Tiere nicht aus Ihren Träumen kennen, dann sind es Tiere, die Sie anziehen, die aber unter den sieben Tieren, die sie gezogen haben, nicht vorkommen. Vielleicht tauchen diese beiden irgendwann einmal später auf. Oder es kommt vielleicht zu einer spontanen Verbindung mit ihnen, wenn Sie die Eigenschaften der verschiedenen Tiere in diesem Buch kennenlernen. Es kann aber auch sein, daß diese beiden im vorliegenden Text gar nicht auftauchen. Vielleicht kommen sie von einem ganz anderen Teil des Königreichs der Tiere, wie z.B. der Koala Bär, die Giraffe, der Panther oder der Waschbär. Wenn Sie die Medizin dieser Tiere kennenlernen wollen, dann lesen Sie, was über ihre Eigenschaften und Angewohnheiten geschrieben worden ist und beziehen Sie das auf die Menschen und auf sich selbst.

Beim Ziehen der Karten kann die Meinung, die Sie von sich selber haben, nichts verfälschen. Deshalb ist es besser, wenn Sie den Tieren einfach erlauben, zu Ihnen zu kommen.

DIE BEDEUTUNG DER NEUN TOTEM-TIERE

Osten:	Das Tier im Osten führt Sie zu Ihren größten spirituellen Herausforderungen und behütet Ihren Weg hin zur Erleuchtung.
Süden:	Das Tier im Süden beschützt das innere Kind und erinnert Sie, wenn es angebracht ist demütig zu sein oder sich etwas zuzutrauen, so daß die Unschuld in Ihrer Persönlichkeit ausgewogen ist.
Westen:	Das Tier im Westen führt Sie zu Ihrer persönlichen Wahrheit und Ihren inneren Antworten. Es zeigt Ihnen auch den Weg zu Ihren Zielen.
Norden:	Das Tier im Norden erteilt weisen Rat und macht Sie darauf aufmerksam, wenn es an der Zeit ist zu sprechen oder zuzuhören. Es erinnert Sie auch daran, daß man jeden Tag für jeden Segen dankbar sein sollte.
Oben:	Das Tier oben lehrt Sie, wie Sie das Große Sternenvolk ehren sollen, und will Sie daran erinnern, daß Sie von den Sternen kommen und dorthin auch wieder zurückkehren werden. Dieses Tier ist auch der Wächter der Traumzeit – für Ihren persönlichen Zugang zu den anderen Dimensionen.
Unten:	Das Tier unten gibt Ihnen Aufschluß über die innere Erdung und darüber, wie man geerdet und auf dem richtigen Weg bleibt.
Innen:	Das Tier innen gibt Ihnen Auskunft darüber, wie Sie Ihre Herzensfreude finden und Ihren persönlichen Wahrheiten treu bleiben können. Es ist auch der Beschützer Ihres heiligen Raumes, dem Raum, der Ihnen allein gehört und der niemals mit jemandem geteilt wird, es sei denn auf Ihre Einladung hin.
Rechte Seite:	Dieses Tier schützt Ihre männliche Seite und lehrt Sie, daß es – egal in welche Richtung Sie sich auch wenden – Ihr innerer Vater-Beschützer sein wird. Dieses Tier trägt Ihren Mut und Ihren Kampfgeist.
Linke Seite:	Dieses Tier ist der Beschützer Ihrer weiblichen Seite und weist Sie darauf hin, daß Sie sowohl lernen müssen, im Überfluß zu erhalten, als auch sich selbst und andere zu nähren. Das Tier auf der linken Seite ist auch Ihr Lehrer hinsichtlich Beziehungen und Bemutterung.

Das Medizin-Rad

Raum ist immer heiliger Raum. Jeder Millimeter auf Mutter Erde hat eine ganz bestimmte Energieform, durch die er sich auf irgendein Lebewesen bezieht und deshalb auch mit Ehrfurcht behandelt werden muß. Das Medizin-Rad ist der sichtbare Ausdruck dieses Wissens und kann dazu verwendet werden, zu zeremoniellen Zwecken einen heiligen Raum zu beschreiben. Zwölf große Steine werden, ähnlich wie für eine Uhr, im Kreis herum gelegt. Die vier größten liegen in den vier Himmelsrichtungen. Den Anfang macht der Stein im Süden, dem Ort des Kindes, wo das Leben seinen Anfang nimmt. Dann Westen, Norden, Osten. Der Ost-Stein wird als Letztes gesetzt, weil er die Eingangstür für den Geist ist, der den Kreis füllen soll. Diese Ost-Tür ist die goldene Tür zur Erleuchtung. Wenn es so weit ist, daß er gesetzt werden kann, bitten wir den Geist, den Raum zu füllen, damit gegenseitige Achtung und Liebe unter uns ist. Dies ist eine der traditionellen Weisen, das Medizin-Rad zu bauen.

Das Medizin-Rad wird gebraucht, um die Energien von allen Tieren und Geschöpfen zusammenzubringen: vom Steinvolk, von Mutter Erde, Vater Himmel, Großvater Sonne, Großmutter Mond, der Himmelswelt oder dem Sternenvolk, denen unter der Erde, den Stehenden Wesen (Bäumen), den Zweifüßlern oder Menschen, den Himmelsbrüdern und -schwestern und den Donner-Wesen. Nach der indianischen Lehre sind sie alle unsere Verwandten.

Zeremonien sind Methoden und Gelegenheiten, sich durch den Ausdruck von Dankbarkeit in Form von Tanz, Gesängen und Ritualen gegenüber den Verbindungen zu allen Formen des Lebens ehrerbietig und anerkennend zu erweisen. Dies geschieht immer unter der Leitung des Großen Geistes und des Großen Geheimnisses. Das Medizin-Rad ist ein Symbol für das Rad des Lebens, das sich immer dreht und immer neue Lektionen und Wahrheiten über den Lebensweg hervorbringt. Die Idee der Erdenwanderung geht von der Vorstellung aus, daß jede(r) von uns mehrmals auf jeder Speiche des großen Lebensrades gestanden haben muß und daß jeder Richtung die nötige Ehrerbietung entgegengebracht werden sollte. Bevor Sie nicht in den Schuhen der anderen gewandert sind oder auf ihren Speichen gestanden haben, können Sie ihre Herzen nicht wirklich kennen.

Das Medizin-Rad lehrt uns, daß alle Lektionen und ebenso alle Talente und Fähigkeiten gleichwertig sind. Eines Tages wird jedes Lebewesen diese Speiche sehen und erfahren und ihre Wahrheit kennen. Das Medizin-Rad ist ein Weg zu Wahrheit, Frieden und Harmonie. Der Kreis hat kein Ende, Leben ohne Ende.

Indem man die Gute Rote Straße erfahren darf, lernt man die Lektionen des körperlichen Lebens, d.h. man lernt, Mensch zu sein. Diese Straße führt von Süden nach Norden auf dem Kreis des Medizin-Rads. Nach der weiterführenden Erfahrung des Todes betritt man die Blaue oder Schwarze Straße des Geistes, die von Ost nach West führt.

Das Medizin-Rad ist Leben, Leben nach dem Tode, Wiedergeburt und die ehrfürchtige Haltung gegenüber jedem einzelnen Schritt auf diesem Weg.

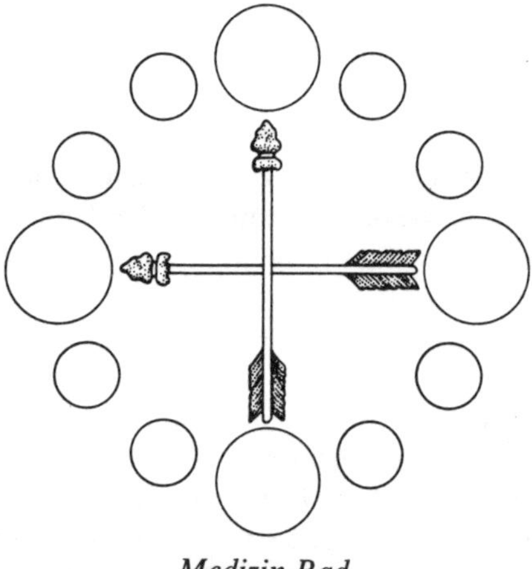

Medizin-Rad

Der Medizin-Schild

Mit dem Medizin-Schild will eine Person auf die einzigartigen Gaben aufmerksam machen, die ihr für den derzeitigen Lebensweg mitgegeben sind. Ein Medizin-Schild kann auch von einer neuen Stufe persönlichen Wachstums erzählen, oder es kann illustrieren, welche nächste größere Hürde sein Träger zu nehmen gedenkt.

Der traditionelle Schild, den ein Krieger trug, gab Auskunft über die inneren Kräfte, welche der Krieger einzusetzen bereit war, um seinem Stamm zu helfen. Die Schilde der Frauen berichteten von ihren Begabungen, Kinder aufzuziehen, Ihren Befähigungen zu Visionen, Heilung, Weben, Magie, Singen, Tanzen, Perlenstickerei und so weiter. Schilde gaben Auskunft über den Platz, den ihre Träger innerhalb der Stammesfamilie innehatten und über die Totems, die sie trugen.

Indem man die gegenseitige Anerkennung der jeweiligen Gaben und Talente beschwor, sorgten die Schilde für Harmonie innerhalb der Familie, des Stammes und des Volkes. Schilde gaben Auskunft über die Persönlichkeitsstruktur ihrer Träger, aber auch über den Charakter ihrer Hersteller. Jede Frau fertigte ihren eigenen Schild an. Aber die Männer wählten sich jeweils einen Bruder, der ihre Medizin respektierte und den Schild für sie machte. Auf diese Weise wollte man verhindern, daß die Wahrheit dem männlichen Ego geopfert werde. Frauen waren schon von vornherein mit ihren intuitiven Fähigkeiten besser verbunden als die Männer und konnten viel leichter aufnehmen, was ihre »Stimmen« ihnen über ihre Begabungen sagten. Frauen hatten auch einen sicheren Instinkt für Schwesterlichkeit und überließen die Beschützerrolle den Männern, während sie selber die Rolle der »Mutter der Schöpferischen Kraft« annahmen. So fertigten die Frauen ihre eigenen Schilde: bescheiden und sehr kreativ.

Über die eigenen Begabungen die Unwahrheit zu sagen, galt

als ein großes Unrecht. Lügen überhaupt konnte zum Ausschluß vom Stammesleben führen. Diejenigen, die ausgestoßen worden waren, verdingten sich häufig als Führer an den Weißen Mann oder tauchten als Begleiter der Kavallerie auf, wo sie mit ihrer gespaltenen Zunge Übersetzerdienste leisteten. Schilde, die gelogen hatten, wurden in einer großen Trauerzeremonie verbrannt und diejenigen, die diese Schilde gefertigt hatten, wurden für die anderen Mitglieder des Stammes oder der Nation unsichtbar.

Häufig wurde ein Schild angefertigt, um ein Vorhaben vorzustellen. Es zeigte dann den gewünschten Ausgang des Projekts. Andere Schilde erzählten von Schlachten, Jagden, von einer Vision oder einer Suche. Bei bestimmten Zeremonien dienten Schilde dazu, die Freude des Stammes und die Freude der Geister kundzutun, die bei dem Fest zusammenwirken würden. Schilde dienten als Talismane für glückliche Geburten, reiche Ernten oder als Zeichen der Einführung in den Stand des Mannes – oder der Frau.

Bei Hochzeiten wurden die Schilde des Mannes und der Frau ihren jeweiligen Trägern gegenübergestellt, um dem ausgewählten Partner die innersten Geheimnisse zu offenbaren. Nachdem die Brautleute gemeinsam über das Feuer gesprungen waren, hängte man die Schilde an Lanzen, die sich kreuzten und dann zu einer einzigen zusammenliefen, über die Tür der Hochzeitshütte. Die Schilde wurden auch an den Sterbehütten angebracht, wenn jemand in die Geistwelt übersiedelte. Das war ein Zeichen dafür, daß die Erdenwanderung erfolgreich abgeschlossen war und ein Hinweis auf die Begabungen des Menschen, der da zu seinen Großmüttern und Großvätern hinübergegangen war.

Ein Sonnentanz-Schild wird gemacht, wenn ein männlicher Tänzer seine Bereitschaft bekunden will, das Fleisch seines Körpers für den Weltfrieden zu opfern. Auf dem Schild ist das Muster seines Lebens abgebildet, das der Krieger innerlich bereits aufgegeben hat, um Frieden für die Welt und Harmonie in sich selbst zu erwirken. Er spricht von dem Wunsch, sich in Demut zu nähern, die Sonne zum Leuchten zu tanzen, die Vision dessen zu suchen, was getan werden muß, und den Schmerz aller Verwandten auf sich zu nehmen.

Die geheimen Schilde der Frauen aus der Mond-Hütte berichten von den Begabungen und der inneren Stärke dieser Frauen und davon, wie sie damit ihre Schwestern stützen. Diese Schilde werden der Außenwelt nie gezeigt, weil jeder den heiligen innersten Raum ihrer Trägerinnen darstellt. Die Frauen offenbaren sich ihren Schwestern in vollem Vertrauen, aber zeigen der äußeren Welt niemals ihr ganzes Gesicht. Dadurch schützen Sie die schöpferische Kraft in ihrem Schoß, die Kraft, die dem Rhythmus des Mondes und der Erde folgt.

Jeder Schild hat seine eigene Kraft. Durch die Eigenheit und Kunstfertigkeit des Ausdrucks wird jedes Schild zu einer wesentlichen Aussage über einen bestimmten Ort und eine bestimmte Zeit, und in dieser Aussage sind ganz bestimmte Elemente von tiefem Wissen enthalten. Alle Menschen tragen Schilde aus den Lektionen, die sie persönlich von den vier Richtungen des Medizinrads gelernt haben. Diese Lektionen können von ihren Stärken und Schwächen handeln, von ihren Talenten und Begabungen, Visionen, ihren Zielen und Standpunkten im Leben. Das Totem für jede Richtung kann durch eine Feder, den Abdruck einer Tatze, ein Symbol, oder ein Teil von Horn, Zahn, Knochen, Fell, Pelz oder Flosse des Totemtieres zum Ausdruck gebracht werden.

Jeder Schild ist für diejenigen, die es anfertigen, eine Erinnerung an ihre Verbindung mit dem Leben. In Zeiten der Unsicherheit kann der Medizin-Schild Geborgenheit vermitteln, kann eine Quelle des Trostes und Schutzes sein oder auch eine Erinnerung an die Heiterkeit, die aus einer zentrierten Klugheit und Verbundenheit kommt. Wenn man im Stadium der Unsicherheit die Balance wiederfinden will, dann muß man nur über seinen Schild meditieren. Im Augenblick, in dem er oder sie den Raum des Schweigens betritt, finden die Fragen über das Geheimnis der eigenen Person Antworten.

Medizin-Schilde sind Wegweiser, die uns zu Weisheit und Vollendung leiten. Die Aufgabe dieser Erdenwanderung besteht darin, die eigenen Schilde im Gleichgewicht zu halten. Auf der Suche nach Ganzheit strahlen wir sowohl Harmonie als auch den Mißklang zwischen unseren verschiedenen Wesenselementen aus.

Medizin-Schilde erinnern uns daran, daß alle Dinge ihre vollkommene Zeit und ihren vollkommenen Ort im Leben haben. Freuden werden durch Tränen ausgewogen, heiliges Schweigen durch unehrerbietiges Witzemachen, Selbstachtung durch Demut, Geben durch Nehmen, der Tag durch die Nacht, Licht durch Schatten und Weisheit durch Unschuld. Im Gleichgewicht gehen bedeutet, allem, was menschlich ist, die eigene Zeit zuzugestehen und in allem auch das Heilige zu entdecken.

Medizin-Schilde sind Heilwerkzeuge, die wir uns selber machen, um den Geist zu besänftigen und den Willen mit Starkmut zu erfüllen. Wahrheit bedarf keiner Erklärung, sondern nur der Betrachtung. Dadurch erhält die Intuition die Befähigung, das Herz so zu lenken, daß es schließlich mehr zu feiern als zu beklagen gibt.

Sieben Möglichkeiten, die Karten anzuordnen

Die Karten in dieser Buchkassette tragen Zahlen und jeweils ein Tier, das in den Medizin-Schild hineingemalt wurde. Eine Karte kann richtig zu liegen kommen, oder Zahl und Tier stehen auf dem Kopf. Jede Karte enthält damit zwei Lektionen: eine für den Fall, daß die Karte richtig herum liegt und eine, falls sie auf dem Kopf steht.

Es ist immer gut, die Karten zuerst so zu ordnen, daß alle in die gleiche Richtung zeigen. Dann können Sie ganz beliebig gemischt werden. Danach werden sie verdeckt hingelegt, so daß die Zeichnungen nicht zu sehen sind. Breiten Sie die Karten auf dem Tisch aus und wählen Sie eine für Ihre tägliche Meditation. Nachdem Sie im Buch die Information über diese Karte nachgelesen haben, verharren Sie in Schweigen und erlauben dem Tier, zu Ihnen über Dinge zu sprechen, die es Ihnen mitteilen möchte. Öffnen Sie sich der Möglichkeit, eine Verbindung zu Ihrer gegenwärtigen Situation und zu möglichen Herausforderungen herzustellen, denen Sie gegenüberstehen.

DAS DRUIDEN-ORAKEL

Eine andere Form, die Karten zu benützen, ist einem alten druidischen Orakel entlehnt und gibt Auskunft über Fragen, die ganz allgemein den Lebensweg betreffen.

Die Karten werden so ausgelegt wie auf der nächsten Seite abgebildet und folgendermaßen interpretiert:

1) Ihre Vergangenheit
2) Ihre gegenwärtige Situation
3) Ihre Zukunft

4) Das Muster der Lektionen, die Sie in Ihrem Leben derzeit zu bewältigen haben
5) Die Herausforderung, die Sie gerade bestanden haben
6) Was arbeitet für Sie?
7) Was arbeitet gegen Sie?

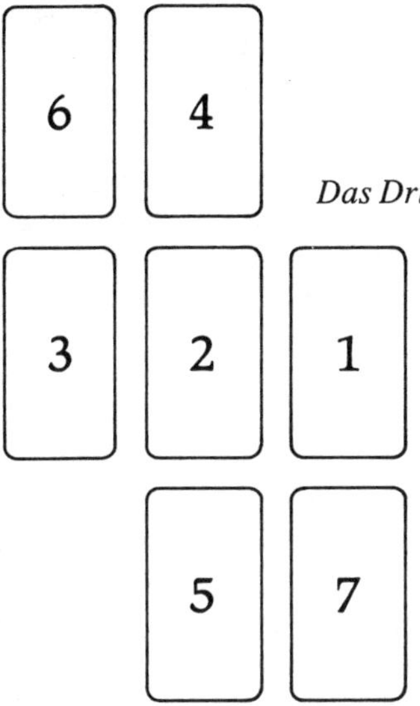

Das Druiden-Orakel

Mithilfe dieses Druiden-Orakels können Sie Ihre gegenwärtige Situation einschätzen, einen Blick in die Vergangenheit werfen und sehen, was Sie erwartet. Sie betrachten die Herausforderungen an Ihre Persönlichkeit sowie Ihre Erfolge und fassen Ihre Verbündeten und Ihre Gegenspieler ins Auge.

Bei der Anordnung des Medizinrads gibt Ihnen jede der vier Himmelsrichtungen bestimmte Persönlichkeitsmerkmale zu bedenken. Sie eröffnen Ihnen auch die Möglichkeit zu erkennen, wie Sie lernen: von sich selbst, von anderen und von den Tieren. Die Karte in der Mitte gibt die Position des »Heiligen Berges« oder »Heiligen Baumes« wieder.

1) Ost-Karte: Diese Karte zeigt, wo Ihre geistige Stärke liegt und deutet die Richtung Ihres geistigen Weges an. Es kann durch sie auch deutlich werden, wo in Ihrer gegenwärtigen Situation das größte Hindernis für Ihre Klarsichtigkeit liegt.

2) Süd-Karte: Diese Karte wendet sich an das Kind in Ihnen, während Sie als Erwachsener durchs Leben gehen. Sie zeigt, was Sie brauchen, um in sich selber volles Vertrauen zu setzen und zu wachsen.

3) West-Karte: Diese Karte offenbart Ihnen die innere Lösung für die Herausforderungen, die das Leben derzeit an Sie stellt. Sie zeigt, wo Ihre Vorhaben mehr Aufmerksamkeit benötigen, und wie Sie das ersehnte Ziel erreichen können.

4) Nord-Karte: Diese Karte zeigt, wie Sie die Lehren aus den anderen Himmelsrichtungen geistig verarbeiten und ins Leben integrieren können. Die Tier-Medizin, die in der Nord-Karte erscheint, hält den Schlüssel zu einem Weg, der von Weisheit gekennzeichnet ist, zu einem Bewußtsein, das den inneren Lehrer kennt, und zu einer Verbundenheit mit den Zielen und Absichten des höheren Selbst.

5) Karte des »Heiligen Berges«: Diese Karte fordert Sie auf, die Gegenwart anzuschauen. An dieser Stelle stehen Sie, auf der Kreuzung zwischen körperlicher und geistiger Welt. Diese Karte zeigt daher an, wie aus einer körperlichen und einer geistigen Welt »Sie« zustandegekommen sind. Nachdem alles der Entwicklung unterliegt, wird dieses »Sie« morgen bereits einen höheren Grad des Verstehens erreicht haben können, und dann ist auch eine andere Karte an dieser Stelle. Wenn Sie einmal das Omen dessen, was Sie zum gegenwärtigen Zeitpunkt sind, angenommen haben, dann sehen Sie, was Sie ändern müssen. Sie erkennen dann, wo Sie Ihr Gleichgewicht verloren haben oder emotional reagieren und ob Sie, um weitere Antworten zu erhalten, ins Schweigen eintreten müssen.

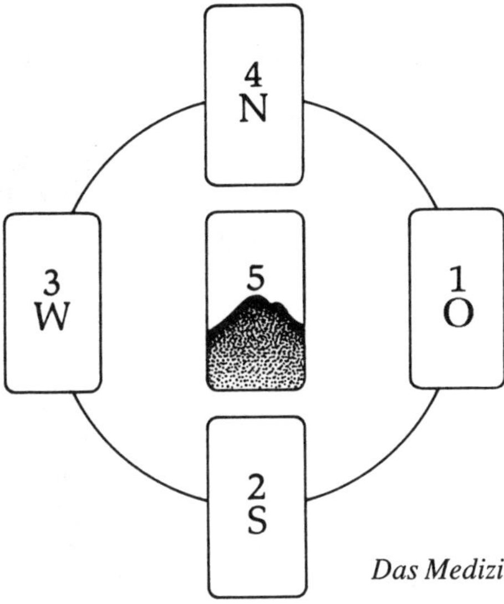

Das Medizinrad

DIE SONNEN-HÜTTE

Dies ist ebenfalls eine Anordnung auf dem Medizin-Rad aber sie zeigt, wie wir von anderen gesehen werden. Es geht um die Beziehungen untereinander, und wenn Sie diese Form benützen, dann bitten Sie die Tiere, Ihnen zu sagen, wie Sie von einer anderen Person wahrgenommen werden.

Die Karten werden ebenso ausgelegt wie bei der Anordnung auf dem Medizinrad, aber in diesem Fall müssen Sie das Bild der Person, deren Meinung Sie kennenlernen möchten, fest im Kopf behalten, während Sie die Karten auslegen.

1) Ost-Karte: Diese Karte gibt einen Hinweis darauf, wie die betreffende Person Sie in geistiger Hinsicht einschätzt.

2) Süd-Karte: Die Karte zeigt,wie Sie in Ihrer Beziehung zur materiellen Welt gesehen werden.

3) West-Karte: Diese Karte gibt einen Hinweis darauf, in welcher Weise die betreffende Person mit Ihnen in Beziehung zu treten bereit wäre.

4) Nord-Karte: Diese Karte zeigt Ihre intellektuelle Einschätzung.

5) Mittel-Karte: Diese Karte vermittelt einen Gesamteindruck von der Art und Weise, wie Sie wahrgenommen werden, vergleichbar der spontanen Reaktion der betreffenden Person auf Ihre Anwesenheit oder Ihr Erscheinen.

DIE MOND-HÜTTE

Ein altes Sprichwort sagt, es gibt mehr Wurzeln als Zweige. Damit wird die Bedeutung dessen hervorgehoben, was unter der Oberfläche ist. Die vorliegende Anordnung ist der Spiegel Ihres eigenen Unterbewußten. Von außen werden Sie gekannt, aber nur Sie selber können die Kräfte kennen, die Sie tief innen bewegen. Diese Anordnung dient also als Hilfe, das tief Verborgene aufzudecken. Wenn Sie diese Anordnung benützen, kann es Ihnen passieren, daß der Vorhang aus Lügen und Selbstbetrug, den Sie benützt haben, um Ihre Wachstumskräfte einzufangen, mit einem Mal weggerissen wird.

Diese Anordnung folgt denselben Regeln wie die vorangegangenen Anordnungen auf dem Medizinrad.

1) Ost-Karte: In der Mond-Hütte ist diese Karte unter dem Begriff »Karte des Wirbelnden Geistes« bekannt. Sie gibt Ihnen den Schlüssel für die Entfesselung Ihrer geistigen Natur und eine klare Sicht auf Ihre geistigen Talente und Befähigungen.

2) Süd-Karte: Dies ist die »Samen-Karte« oder »Karte des neu Wachsenden«. Schauen Sie sich diese Karte besonders im

Hinblick auf neu entstehende Beziehungen zu Personen oder zu Ihrer natürlichen Umwelt an. Diese Karte könnte Ihnen Ihre echten Gefühle gegenüber jemandem oder irgendetwas offenbaren, denn sie weist auf verborgene Emotionen hin.

3) West-Karte: Dies ist die Karte des Traums im Traum. Sie könnte Sie zu den wirklichen Zielen Ihres Lebens führen. Es lohnt sich deshalb, sie aufmerksam zu studieren. Ist Ihr Lebenstraum das Produkt eines oberflächlichen Egos, oder schauen Sie wirklich nach innen und verfolgen die Ziele, zu denen Ihnen Ihr bessere Selbst rät? Ist es hier im Westen, wo Sie sich mit Ihrer wirklichen Aufgabe vollsaugen?

4) Nord-Karte: Diese Karte deutet auf das innere Wissen, dem Sie noch nicht die gebührende Aufmerksamkeit geschenkt haben. Norden ist der Ort des Wissens und der Weisheit. Wenn Sie also die Antworten außerhalb Ihrer selbst suchen, dann stößt diese Karte Sie freundlich auf die Spur des Tieres, das Ihnen den Weg nach innen zeigt. Wenn Sie diese Karte studieren und dabei versuchen, sich selbst kennenzulernen, dann stoßen Sie durch den Vorhang des Selbstbetrugs hindurch.

5) Mittel-Karte: Die Karte zeigt, wo der Schnittpunkt aller Karten ist, die sich an Ihr Unterbewußtes richten. Sie ist der mächtige Schild des wirklichen Selbst. Es ist die Karte, die den Kreis des inneren Wissens bezeichnet, die Pfahlwurzel Ihres persönlichen Bewußtseins. Erkennen Sie das wahre Selbst, das Tief-innen-Liegende, und niemand kann Sie mehr täuschen.

DER SCHMETTERLING

Diese Anordnung dient dem Zweck herauszufinden, welchen Ausgang ein Projekt oder eine Gruppen-Unternehmung nehmen wird. Es werden vier Karten gezogen und in die klassischen Richtungen des Medizinrads gelegt, d.h. Ost, Süd, West und Nord. Die Karten zeigen die verschiedenen Phasen, welche Ihr Projekt oder Ihre Tätigkeit bis zum Abschluß durchläuft.

1) Ost-Karte: Diese Karte heißt »Ei-Karte« oder »Ei-Position«. Es ist der Samen oder der Kern Ihrer Idee, Ihres Projekts, Ihrer Aktivität. Erlauben Sie der Kraft dieser Karte, mit dem Inhalt Ihrer Unternehmung in Beziehung zu treten. Sie wird einen Hinweis darauf geben, welchen Wert Ihr Plan im Innersten hat. Ist es die Kraft, die Sie zu diesem Zeitpunkt und an dieser Stelle brauchen?

2) Süd-Karte: Diese Karte ist unter dem Begriff »Larven-Karte« oder «Larven-Position« bekannt. Sie handelt von den Anfängen des Projekts. Was muß getan werden, und wie kann der Plan praktisch umgesetzt werden? Wer übernimnmt die Verantwortung? So wie ein Schmetterlingsei zuerst zu einer wachsenden und um ihr Dasein kämpfenden Raupe wird, so versteht sich diese Karte als »Larven-Karte«. Werden die vorhandenen Energien ausreichen, um die Hindernisse zu überwinden? Die Raupe streift ihre Haut während ihres Wachstums einige Male ab. Werden die vielen Egos, die an Ihrem Projekt beteiligt sind, Frieden geben (ihre Haut abstreifen), um den Erfolg zu sichern?

3) West-Karte: Diese Karte ist als »Kokon-Karte« oder »Kokon-Position« bekannt. Sie spricht von den übergeordneten Absichten. Hier findet die höchste Umwandlung statt wie das, was kurz vor dem Ausschlüpfen eines wunderschönen Schmetterlings im Inneren des Kokons passiert. Im Angesicht dieser Karte lohnt es sich zu fragen, warum man das Projekt auf sich genommen hat. War es, um dem Großen Geist und dem Stamm zu dienen oder war es nur, um sich selbst zu nützen. Wenn es nur Selbstzweck ist, was Sie bewegt, dann fällt es vermutlich irgendwann einmal auf Sie zurück. Nicht das Selbst, sondern die Familie, der Klan, der Stamm, das Volk und der Große Geist sind unseren Dienst wert.

4) Nord-Karte: Diese Karte ist als »Schmetterlings-Karte« oder «Schmetterlingsposition« bekannt. Sie wird Ihnen sagen, ob der Große Geist mit Ihnen und Ihrem Gruppen-Projekt einig ist. In dieser Karte erkennen Sie auch, welche Belohnung Sie erwartet. Sind es finanzielle Erfolge? Mag sein, daß es seltsam ist, nach

Norden, in die geistige Richtung zu schauen, um eine Antwort darauf zu finden. Wer aber das Wesen des Medizinrads kennt, weiß, daß das Materielle dem Geist und der Vision nachfolgt. Das ist Gesetz. Diese Karte ist der Ort, an dem es sich so erweist.

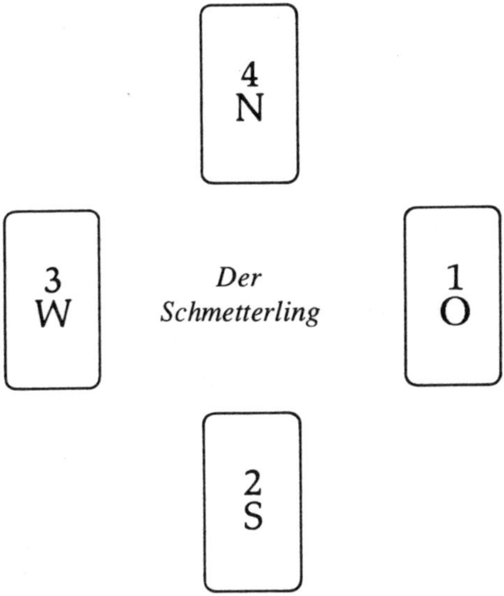

VATER HIMMEL/MUTTER ERDE

Diese Karten geben Ihnen die Möglichkeit, sich selbst auszubalancieren, wenn es hoch hergeht und Sie den Eindruck haben, daß Sie sich von Verwirrung frei machen wollen. Jeder Mensch hat zwei Seiten: eine weibliche und eine männliche. Die männliche ist die Krieger-Seite: nicht Kriegsenergie, sondern Vorzeige-Energie. Sie schützt alles, was Sie vorwärts drängt und alles, was Sie geschaffen hat. Der männliche Teil drängt hinaus in die Welt, sucht Abenteuer und setzt Ideen in die Tat um. Es kann der innere Vater sein, der immer da ist, um zu belehren und zu trösten. Es kann auch der innere Medizinmann sein, der weiß, wie Sie auf schamanistische Weise geheilt werden können. Vater Himmel drückt sich in der rechten Körperhälfte aus, die von der linken, analytischen Gehirnhälfte gesteuert ist. Die Vater-Himmel-Karte enthält Informationen über diese Teile Ihrer Persönlichkeit.

Mutter Erde gehört die linke Seite des Körpers, die von der rechten Gehirnhälfte, der intuitiven Seite gesteuert wird. Die weibliche, empfängliche Seite Ihrer Natur weiß, wie man zulassen kann, daß Leben wird und sich manifestiert und wie Gutsein dadurch entsteht, daß man allen Dingen Ihre Zeit läßt. Es ist die Energie der Gottheit, die anima, die innere Mutter, weise Frau, Fee, kleines Mädchen – alles zusammen. Die Mutter-Erde-Karte zeigt die nährende Seite Ihrer Natur, die auch Ihre kreativen Kräfte in sich birgt. Weibliche Energie kann geheimnisvoll wirken, weil sie immer neue Ideen und Lebensformen hervorbringt. Daher kommt auch die Veränderlichkeit der Frauen. Diese Karte spiegelt Ihre kreative Seite wider und Ihre Fähigkeit, diese Ideen vom Großen Geheimnis zu empfangen.

Für dieses Orakel müssen Sie lediglich eine Karte mit der rechten und eine mit der linken Hand ziehen. Halten Sie sie sich vor die Augen und versuchen Sie, sich auf die Ausgewogenheit Ihres männlichen (rechten) und Ihres weiblichen (linken) Selbst zu konzentrieren. Der Prozeß der Beobachtung dieser Verbindung oder dieses Mangels an Verbindung zwischen Ihrer männlichen und Ihrer weiblichen Seite wird Ihnen helfen, die Energie zwischen beiden auszugleichen. Wenn Sie die beiden Karten nebeneinander vor sich hinlegen oder, falls Sie liegen, sie auf Ihre Stirn legen, können Sie auf diese Weise auch Ihre Körperenergie ausgleichen.

Sie können die Medizin dieser Geschöpfe auch nacheinander anrufen, um einen Ausgleich herzustellen. Wichtig ist dabei die Stille, damit die Tiere sich an Sie wenden können. Sie hören vielleicht keine Worte, aber Sie sehen Bilder in Ihrem Kopf. Und es kann sein, daß Sie ganz einfach merken, wie sich die Energie in Ihnen ausgleicht. Alle diese Empfindungen und viele andere sind dabei möglich. Sie sind alle in Ordnung. Was auch immer Sie hören, sehen, schmecken und ahnen gehört zu Ihrer Art und Weise zu verstehen. Sie entwickeln Ihre intuitiven Begabungen. Diese Anlagen werden wachsen und sich verändern je mehr Sie lernen, Ihren Empfindungen zu trauen und ganz einfach zu wissen.

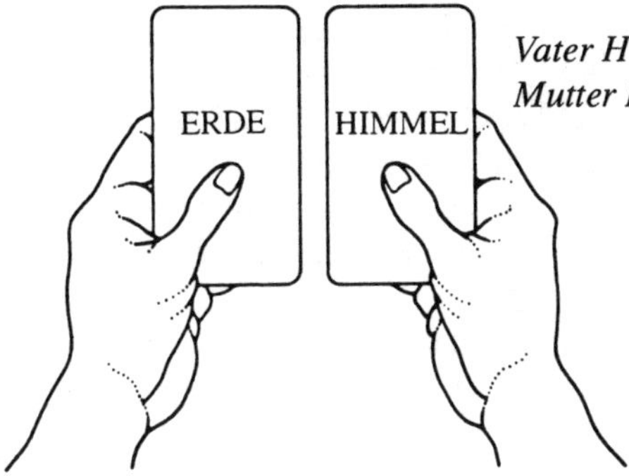

Vater Himmel/ Mutter Erde

Auf dem Kopf stehende Karten

Immer, wenn Sie eine umgekehrt liegende Karte antreffen, deutet das auf ein Ungleichgewicht der Kraft dieser Karte. Weitere Aufschlüsse erhalten Sie aus der Position der Karte. Wenn Sie diesen ungleichgewichtigen Zustand ins Gleichgewicht bringen wollen und nicht wissen, wie sie das anstellen sollten, dann ziehen Sie eine weitere Karte und plazieren diese neben die umgekehrt liegende.

Wenn Sie z.B. den auf dem Kopf stehenden Koyoten ziehen (die Widersprüchlichste aller 44 Karten) und Sie nicht wissen, wie diese Information zu deuten ist, dann bitten Sie die Karten um Hilfe und ziehen eine weitere. Legen Sie diese neben den Koyoten. Möglicherweise ziehen Sie die auf dem Kopf stehende Antilope. Das würde bedeuten, daß Sie in Ihrer unentschiedenen

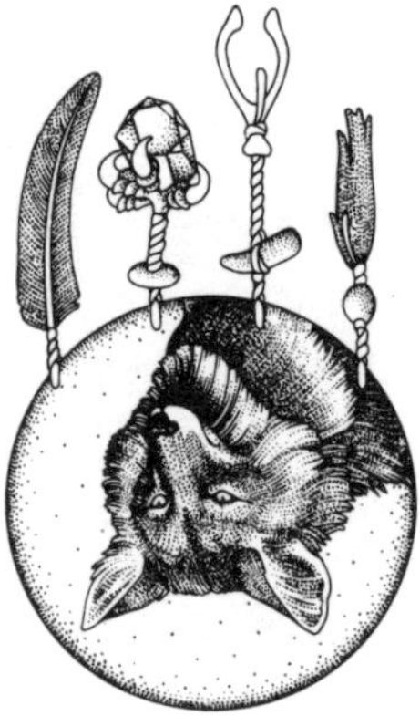

oder falschen Art zu handeln nach der Antwort suchen müssen. Oder wenn Sie das Stinktier ziehen, dann übersehen Sie einen Hinweis, der Ihren Ruf in der Öffentlichkeit betrifft. Dadurch gelangen Sie zu verkehrten Rückschlüssen über das, was andere von Ihnen halten.

Wenn Sie diese Methode bei umgekehrt liegenden Karten ein paarmal angewendet haben, werden Sie feststellen, daß Sie die angebotene Kraft richtig deuten und die Energie zur Herstellung des geforderten Gleichgewichts finden werden.

Karten mit leerem Schild

Unter den Karten befinden sich neun mit leerem Schild. Wenn Sie sich einem Tier, das in diesem Buch nicht Erwähnung gefunden hat, besonders nahe fühlen, wie z.B. dem Krokodil, dem Flamingo, dem Waschbär oder der Bergziege, dann empfehlen wir, den Namen dieses Tieres in ein leeres Feld hineinzuschreiben. Dieser Name verbindet die Karte mit dem Geist des entsprechenden Tieres. Noch besser ist es, ein Bild von dem Tier Ihrer Wahl auf das leere Feld aufzukleben. Diese Karte (es können auch mehrere sein) mischen Sie dann unter die anderen oder tragen sie als Talisman bei sich

Auf die gleiche Art und Weise kann man einen persönlichen Schild anfertigen, der ebenfalls dem Stapel hinzugegeben werden kann. Die Karte kann auch separat bleiben und als Karte des »Heiligen Bergs« oder »Mittelkarte« benützt werden, um Ihre Energie zu kennzeichnen. Lassen Sie Ihrer künstlerischen Inspiration freien Lauf. Machen Sie eine Collage aus Bildern von dem, was Sie in Ihrem Leben erreichen wollen. Tragen Sie diese Karte bei sich, am besten nahe dem Herzen. Arbeiten Sie mit dieser persönlichen Karte oder Collage mit Hingabe.

Benützen Sie die neun freien Schilde für Ihre neun Totem-Tiere. Legen Sie sie in die neun Richtungen oder machen Sie einen Totem-Pfahl. Machen Sie Schilde für jedes Mitglied Ihrer Familie. Machen Sie Schilde für Orte mit besonders machtvoller Ausstrahlung oder für Plätze, die während Ihres Lebens eine besondere Bedeutung für Sie gewonnen haben. Vielleicht planen Sie gerade Ihre Ferien. Kleben Sie das Bild des Eiffelturms in ein leeres Schild. Rufen Sie dann die Kraft der Tiere in den vier Himmelsrichtungen an und bitten Sie sie Ihnen mitzuteilen, was Sie eigentlich wollen. Das gleiche gilt für Dinge, die Sie zu brauchen glauben: Autos, Haus oder was immer auch sonst. Wenn Sie allerdings mit Medizinkarten arbeiten, um Ihre Herzenswünsche zu erfüllen oder um eine andere Wirklichkeit zu schaffen, dann dürfen Sie niemals eine Person oder Sache für sich beanspruchen, wenn diese zu jemand anderem gehören. Sie können darauf hinarbeiten etwas Ähnliches zu gewinnen aber nicht dasselbe. Brechen Sie nicht die Gesetze von Ursache und Wirkung. Diese Karten sind nicht dazu bestimmt, denen zu helfen, die ihren Mitmenschen die schöpferische Freiheit stehlen wollen!

Die leeren Schilde können auch dazu genutzt werden, die Karte eines Verbündeten zu fertigen. Wenn Sie schamanistisch arbeiten und Ihren Verbündeten bereits auf einer höheren Bewußtseinsstufe angetroffen haben, können Sie für Ihren persönlichen Gebrauch eine Verbündeten-Karte machen. Ein Verbündeter ist eine ganz bestimmte Verbindung, die Sie zu einem geschaffenen Wesen aufgenommen haben: zu den Stein-Wesen, dem Sternenvolk, den Flügel- und Flossenträgern, den kriechenden Wesen, den aufrecht Stehenden (Bäume) oder sonst irgendwelchen Lebewesen in der Natur. Ein Verbündeter ist Lehrer und Wächter, er

belehrt Sie über die sichtbare und unsichtbare Welt. Viele Verbündete kommen und gehen während eines Lebens.

Wie Sie sehen, können leere Schilde auf eine Vielzahl von Weisen verwendet werden. Wenn Sie mit der Energie eines Gottes oder einer Göttin arbeiten, können Sie einen entsprechenden Schild machen und den sowohl zu den Karten legen als auch als Talisman tragen. Lassen Sie Ihrem Talent und Ihrer Kreativität freien Lauf. Meditieren Sie über dem freien Schild und warten Sie ab, was auf Sie zukommt. Sie werden überrascht sein. Der leere Schild kann wie der Große Rauchende Spiegel Ihre innersten Sehnsüchte, Träume, Ziele, Macht oder Persönlichkeitsstruktur offenbaren. Manchmal bringt die Leere des Schildes die Vision von etwas zum Vorschein, das unterhalb der Oberfläche des Bewußtseins angesiedelt ist. Wenn Sie die Leere auskosten, wird sich die Erfüllung in Form reiner Kreativität einstellen.

Karten der Kraft

Adler . . .
Flieg hoch,
Berühre den Großen Geist.

Teile Deine Kraft mit mir,
Berühre mich, gib mir die Ehre,
So daß auch ich Dich kennenlerne.

1
Adler

GEIST

Adler-Medizin ist die Kraft des Großen Geistes, die Verbindung mit dem Göttlichen. Es ist die Fähigkeit, im Bereich des Geistigen zu leben und dennoch mit beiden Füßen auf dem Boden zu stehen. Der Adler schwingt sich auf und überblickt blitzschnell die Weite des gesamten Lebensmusters. Hoch oben in den Wolken ist der Adler nah am Himmel, dort, wo der Große Geist wohnt.

Adlerfedern gelten als die heiligsten Heilwerkzeuge. Seit Jahrhunderten verwenden Schamanen sie dazu, die Aura der Menschen zu reinigen, die zu ihnen kommen, um geheilt zu werden. Im Glaubenssystem der indianischen Völker Amerikas steht der Adler für den Stand der Gnade, der durch harte Arbeit, Begreifen und den erfolgreichen Abschluß der Initiations-Prüfung, durch die der Eingeführte seine persönliche Kraft an sich nimmt, gewonnen wird. Man erwirbt sich das Recht, das Wesen der Adler-Kraft zu nutzen, ausschließlich dadurch, daß man bereit ist, die Niederlagen im Leben ebenso als Erfahrung anzunehmen wie die Trümpfe und dadurch, daß man das Vertrauen in die Verbindung mit dem Großen Geist riskiert.

Wer dieses Symbol zieht, wird von dem Adler daran gemahnt, sich ein Herz zu fassen und den Mut zusammenzunehmen, weil sich die Gelegenheit bietet, über die weltlichen Belange aufzusteigen. Irgendeine Prüfung Ihrer Seelenstärke kann in Ihnen die Erkenntnis wachrufen, daß diese Gelegenheit jetzt gekommen ist. Wenn Sie aufmerksam sind, werden Sie wahrscheinlich merken, welche Kräfte der Seele, welche Elemente Ihrer Persönlichkeit und welche Bereiche Ihres Gefühlslebens Unterstützung oder Verfeinerung brauchen. Mit seiner Fähigkeit, das ganze Muster zu überblicken, lehrt uns der Adler, den Sinn für das eigene Selbst über den Horizont des derzeit gerade Sichtbaren hinaus auf das Ganze zu richten.

Indem Sie lernen, Ihre eigene Angst vor dem Unbekannten kühn anzugreifen, werden die Schwingen Ihrer Seele von dem Aufwind getragen, den Sie als den Atem des immer gegenwärtigen Großen Geistes erkennen werden.

Ernähren Sie Ihren Leib, aber noch mehr: ernähren Sie Ihre Seele. Hier, zwischen Vater Himmel und Mutter Erde führt nur der Tanz zum Fliegen, in dem die Furcht besiegt und der Wille behauptet wird, bei dem Abenteuer dabeizusein, das wir mit Hilfe der göttlichen Kraft ins Leben rufen können.

Wenn der Adler sich majestätisch in Ihre Karten geschwungen hat, dann ist das eine Erinnerung für Sie, mit dem Element Luft wieder mehr Verbindung aufzunehmen. Luft gehört zum gedanklichen Bereich, und in diesem Fall ist es der Bereich der höheren Vernunft. Weisheit manifestiert sich auf vielerlei unerwartete und seltsame Art und Weise, aber sie ist immer mit der schöpferischen Kraft des Großen Geistes verbunden. Wenn Sie sich im Schatten vergangener Wirklichkeiten bewegen, dann bringt der Adler Erleuchtung. Er lehrt Sie, den Blick zu heben und Großvater Sonne mit dem Herzen zu berühren und den Schatten ebenso zu lieben wie das Licht. Wenn Sie in beiden die Schönheit entdecken, werden Sie fliegen wie ein Adler.

Adler-Kraft ist das Geschenk an uns selber, mit dem wir uns daran erinnern, wie frei der Himmel ist. Der Adler fordert Sie auf, sich selber das Recht auf Freiheit einzuräumen und der Freude zu folgen, die Ihr Herz sich sehnlichst wünscht.

AUF DEM KOPF STEHENDER ADLER

Wenn Sie den Adler so gezogen haben, daß er auf dem Kopf steht, dann haben Sie Ihre Macht und Ihre Verbindung mit dem Großen Geist vergessen. Vielleicht haben Sie das Licht, das für alle da ist, die Erleuchtung suchen, einfach nicht bemerkt. Heilen Sie Ihre gebrochenen Flügel mit Liebe. Lieben Sie sich selbst so wie der Große Geist Sie liebt – das ist die Lehre des umgekehrten Adlers.

In gewisser Weise fordert der Adler Sie auf, Ihr Nest auf höherem Niveau zu bauen. Das Nest ist die Heimat des Herzens und kann einfach nicht im Sumpf stecken bleiben. Wenn Ihr Nest in einem Sumpf steckt, so könnte das damit zu tun haben, daß Sie glauben, durch irgendeine Unmöglichkeit in Ihrem gegenwärtigen Zustand an den Flügeln beschnitten zu sein.

Des Adlers Nest liegt hoch oben in den Bergen, wo die Luft rein ist und die Bewegung ungehindert. Es mag an der Zeit sein, daß Sie sich auf die Suche nach einer Vision begeben, damit Sie mit dem Großen Geist Verbindung aufnehmen können. Bestimmt helfen Fasten und Beten, eine Antwort zu finden. Wenn Sie sich nach erhabenen Idealen umschauen, wird die Erleuchtung nicht weit sein.

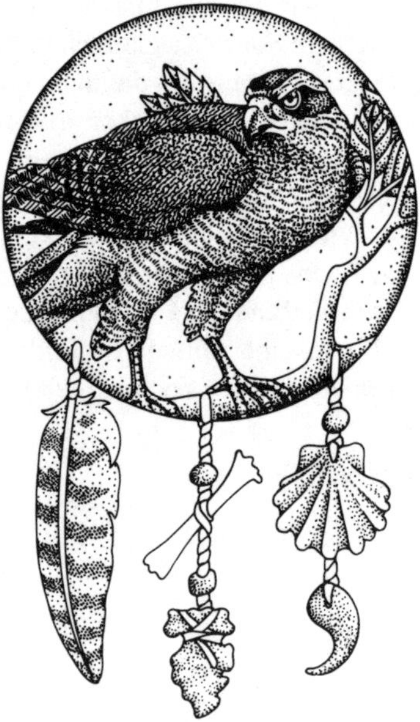

Falke . . .
Himmelsbote,
Umkreise meine Träume und
Lehre mich, während wir fliegen
Deinen Ruf zu deuten.

2
Falke

BOTSCHAFTER

Der Falke ist mit Merkur verwandt, dem Götterboten. Die Falken-Kraft lehrt uns, scharf zu beobachten, aufmerksam und wach zu sein. Beobachten Sie in allem, was Sie tun, das Naheliegende. Das Leben selbst sendet die nötigen Signale.

Das Leben selbst *ist* die Einweihung. Wenn Sie die Falken-Karte gezogen haben, dann haben Sie einen Schlüssel zur Magie des Lebens in der Hand. Diese Magie kann Sie mit der Kraft durchdringen, die gerade nötig ist, um eine besonders schwierige und anstrengende Lage zu meistern. Geprüft wird Ihre Fähigkeit, so scharf zu beobachten, daß Sie Spuren von Kraftquellen entdekken, die zum Greifen nahe für Sie bereit sind. Haben Sie die Gabe, Macht auszuüben und nützen Sie nicht? Finden Sie die Lösungen deshalb immer nicht, weil Sie die größere Perspektive des Falken verloren haben? Hält der Große Geist ein Geschenk für Sie bereit, das Sie nur in Empfang nehmen müssen? Haben die Farben des Morgens Sie zu irgendeiner schöpferischen Handlung inspiriert? Oder drückt die Düsterkeit einer gegenwärtigen Situation Sie derart zu Boden, daß Sie die Stimme nicht mehr hören, die in den Regentropfen an Ihr Fenster klopft? Passen Sie gut auf! Sie sind nur so mächtig, wie Sie fähig sind, wahrzunehmen, zu empfangen und Ihre Fähigkeiten zu nutzen.

Was hier von Ihnen gefordert wird, ist die Fähigkeit, intuitiv zu deuten, welche Botschaft der Ruf des Falken für Sie enthält. Der schrille Schrei des Falken durchdringt den Zustand der Unbewußtheit und fordert Sie auf, die Wahrheit zu suchen.

Die Alten haben diesen herrlichen Raubvogel als Boten aus der Welt Ihrer Großmütter und Großväter, die vor ihnen gelebt haben, angesehen. Er brachte Neuigkeiten, die ihrer Erdenwanderung auf der Guten Roten Straße nützlich sein würden. Wenn der Falke seinen magischen Schrei ausstieß, dann war das ein Zeichen, daß man sich in Acht nehmen oder aufmerken mußte. Es konnte sein, daß sich ein kriegerischer Stamm näherte, ein Kind geboren wurde oder ein großes Fest bevorstand. Für den Betrachter signalisierte der Schrei des Falken die Notwendigkeit, die Aufmerksamkeit zu erhöhen und eine Botschaft entgegenzunehmen.

Falken-Kraft ist ein Totem, das voller Verantwortung ist, weil Falken-Menschen den Überblick haben, anders als die Maus, die alles durch ein Vergrößerungsglas sieht. Menschen mit Falken-Kraft erkennen Omen, empfangen Botschaften aus der anderen Welt und erinnern sich an die Farbe der Visitenkarte, die man ihnen vor drei Monaten in die Hand drückte. Es entgeht ihnen nicht das kleinste Detail.

Wenn der Falke Sie eingekreist hat und in Ihrem Karten-Wurf gelandet ist, müssen Sie auf Signale achten, sie wahrnehmen und auch empfangen. Der Falke kann Sie lehren, eine Gelegenheit beim Schopf zu packen. Ebensogut kann er Ihnen bedeuten, sich am eigenen Schopf zu packen, sich über Ihr eigenes Leben aufzuschwingen, um es aus einer höheren Perspektive zu betrachten. Aus dieser vorteilhaften Lage heraus können Sie dann die Gefahren erkennen, die Sie am freien Flug hindern. Denken Sie daran: Der Falke hat ein scharfes Auge und ein kühnes Herz, denn er fliegt nah an das Licht von Großvater Sonne.

AUF DEM KOPF STEHENDER FALKE

Wenn Sie den auf dem Kopf stehenden Falken ziehen, dann haben Sie möglicherweise Ihre Beobachtungsgabe verkümmern lassen. Wenn es in Ihrem Leben Dinge gibt, die für Sie zu schmerzlich sind, als daß Sie sie fühlen, zu unglaublich, als daß Sie sie hören oder zu düster, als daß Sie sie sehen wollen, dann ist es an der Zeit zu prüfen, zu welchem Zeitpunkt Sie sich gefühlsmäßig so stark ausgeliefert haben, daß Sie aufgehört haben zu beobachten. Wenn Sie Ihren Gefühlen gestatten, Ihre Wahrnehmungen zu verdrängen, dann kann die Botschaft des Falken das Chaos und die Verwirrung nicht durchdringen. In dem Augenblick sind Sie aufgerufen, sich an die neutrale Haltung des ehrlichen Beobachters zu erinnern, aus der heraus die Botschaft intuitiv ganz klar verstanden wird, ohne daß Gefühlswallungen ihren Inhalt verfärben.

Emotionale Färbung ist eine Tendenz, die man bei Menschen der Falken-Kraft sehr häufig antrifft, wenn sie im Ungleichgewicht sind. Ihre Sicht wird dann von Emotionen vernebelt, und sie machen eine Bruchlandung. Ihr Ego kann Ihre Flügel stutzen, und so bleiben Sie auf dem Boden sitzen. Auch wenn der Falke glaubt, daß diejenigen, die anders fliegen als er, schon deshalb weniger ausgeprägte Wahrnehmungen der Wirklichkeit haben, dann hat der geflügelte Botschafter seine eigene Kraft nicht begriffen.

Die Freiheit zu fliegen ist ein Privileg und Bote sein ist eine Ehre. Ihre Aufgabe ist es, die Verantwortung für die Weitergabe der Botschaft zu übernehmen. Fliegen Sie los und versuchen Sie nicht, das Omen selber zu deuten. Überlassen Sie die Deutung dem Empfänger der Botschaft. Solange die Botschaft nicht an Sie selber gerichtet ist, wäre eine solche Deutung eine intrigante Verfälschung.

Auf dem Kopf stehender Falke lehrt sie:

1. Daß Sie sich für die Kraft der Beobachtung öffnen sollen.
2. Daß Sie anderen nicht vorschreiben, was sie denken oder wie sie handeln sollten.
3. Daß Sie das eigene emotionale Gepäck erst einmal absetzen, bevor Sie damit beginnen, Omen, Visionen oder Botschaften zu empfangen.
4. Daß Sie sich merken: alle Gaben sind in den Augen des Großen Geistes gleich.

Wapiti . . .
Deine Geweihenden
Wollen die Sonne fassen.

Zeig mir, daß Kraft und
Ausdauer eins sind.

3
Wapiti

AUSDAUER

Der Wapiti streifte durch den Wald auf der Suche nach einer Partnerin. Die Brunft war in vollem Gange und die männlichen Tiere, die gewöhnlich mit ihresgleichen daherzogen, hatten sich in alle Richtungen zerstreut, um weibliche Partner zu finden. Und wie er seinen Brunftschrei durch den Wald erschallen ließ, machte er den Berglöwen auf sich aufmerksam, der sich sogleich ein Festmahl versprach.

Der Berglöwe zog leise seine Kreise, um den Wapiti und näherte sich langsam seiner Beute. Plötzlich wurde es ganz still im Wald, als der Wapiti schon spürte, daß sich Gefahr näherte. Als er seinen Verfolger bemerkte, brach er durch das Holz, um ins freie Hochland zu gelangen. Der Berglöwe war noch weit zurück. Als der Wapiti in großen Sprüngen auf die Baumgrenze zustürmte, holte der Berglöwe auf, aber der Wapiti rannte weiter bergauf mit ungeheurer Ausdauer. Endlich gab der Berglöwe auf. Er hatte seine ganze Energie in schnellen Spurts verausgabt, mit denen er über das hügelige Land setzte, um den Wapiti zu schlagen. Der aber gab sich selbst das Tempo vor und gewann den Vorsprung, indem er unermüdlich himmelwärts ins Hochland kletterte. Der Wapiti hatte keine andere Verteidigungsmöglichkeit als seine Fähigkeit, Entfernungen zu überwinden, sich selbst das Tempo vorzugeben, das ihm erlaubte, seine Ausdauer und Energie bis zum Letzten zu nutzen.

Die Wapiti-Kraft lehrt Sie, Ihr eigenes Tempo zu finden und dadurch Durchhaltevermögen zu gewinnen. Menschen mit der Wapiti-Kraft sind meistens nicht die ersten, die ein Ziel erreichen, aber sie kommen an, ohne ausgebrannt zu sein. Wenn Sie sich zu viel vorgenommen haben, könnte es nützlich sein, einmal genau zu überprüfen, wie Sie mit dem, was Sie begonnen haben, fertig werden wollen, ohne im Krankenhaus zu landen. Die Wapitis haben eine ganz besondere Art Krieger-Energie, denn mit Ausnahme der Brunftzeit schätzen sie die Gesellschaft ihrer Geschlechtsgenossen. Sie können dadurch auf die Kraft der Brüderlichkeit bzw. Schwesterlichkeit zurückgreifen. Indem Sie die Stärke entdecken, die in der Liebe zu Ihrem eigenen Geschlecht liegt, erfahren Sie die Kameradschaft, die von der Ähnlichkeit der Erfahrungen ausgeht. Dies ist eine besondere Kraft, die der Freundschaft zwischen Menschen gleichen Geschlechts erlaubt, die Grenzen der Eifersucht und des Konkurrenzkampfes zu überschreiten.

Wenn Sie die Wapiti-Kraft gewählt haben, dann können Sie überlegen, ob Sie nicht für eine Weile die Gesellschaft von Geschlechtsgenossen suchen sollten. Vielleicht brauchen Sie gerade eine solche Unterstützung aus der Gruppe, um sich an das Durchhaltevermögen der Krieger/Kriegerinnen-Energie anzuschließen, von der Sie auch ein Teil sind. Dieses Gespräch mit anderen Geschlechtsgenossen erlaubt es Ihnen, Ihre Gefühle in relativer Sicherheit zum Ausdruck zu bringen und dazu noch Rückmeldungen von anderen zu erhalten, die ähnliche Erfahrungen gemacht haben. Sehr wahrscheinlich brauchen Sie ein neues Gefühl für Gemeinschaft – Gemeinschaft in Einigkeit.

Der Wapiti könnte Ihnen aber auch mittteilen wollen darauf zu achten, wie es angesichts des großen Stresses, dem Sie ausgesetzt sind, um Ihr physisches Durchhaltevermögen steht. Er könnte Ihnen raten, Ihr eigenes Tempo zu suchen, damit Sie über den Zeitraum, den Sie verplant haben, ihre Energie gleichmäßig aufrecht erhalten können. Vitamine und eine energiereiche Ernährung könnten dabei helfen, aber auch eine ruhige Zeit der Erneuerung für sich selbst.

AUF DEM KOPF STEHENDER WAPITI

Wenn der Wapiti umgekehrt erscheint, dann könnte es sein, daß Sie den Bogen überspannt haben. Hüten Sie sich vor zu viel Streß. Es könnte sein, daß Sie sonst eine Krankheit hervorbringen, die Sie zwingt, innezuhalten.

Es könnte auch sein, daß Sie Ihrer Sehnsucht nach der Gesellschaft von Menschen des anderen Geschlechts zu wenig Beachtung schenken und die Begeisterung für die geschlechtliche Vereinigung verloren haben. In diesem Fall könnte es klug sein, Menschen des anderen Geschlechts einzuladen: Freunde oder Freundinnen – zum Abendessen oder zu einer Unternehmung. Sie brauchen nicht sexuell an diesen Menschen interessiert sein, sondern es geht nur um den Austausch entgegengesetzter Energien, der in diesem Fall hilfreich sein kann.

Wenn Sie einen Partner oder eine Partnerin haben, dann kann der umgekehrte Wapiti auch einfach sagen, daß die erste Begeisterung verrauscht ist und es nötig wäre, etwas Faszination in Ihre Beziehung zu bringen. In diesem Fall liegt die Ausdauer, die jede Beziehung braucht, in der ständigen Veränderung des Tempos.

In jedem Fall empfiehlt Ihnen der Wapiti darauf zu achten, wie Sie Ihren derzeitigen Weg wählen und wie Sie darauf fortschreiten wollen, um Ihr Ziel zu erreichen. Ihre beste Waffe ist dieselbe wie die des Wapitis: Anzuhalten, wenn nötig, ausdauernd zu sein, wenn nötig und für den Austausch der Energien und für die Veränderung der Energieformen Raum zu lassen.

Reh . . .
So zart und
Liebevoll bist Du.

Die Blume der Freundlichkeit,
Eine Umarmung aus der Ferne.

4
Reh

FREUNDLICHKEIT

Eines Tages hörte das Reh wie der Große Geist es von der Spitze des Heiligen Berges rief. Das Reh machte sich sogleich auf den Weg. Es hatte keine Ahnung, daß ein schrecklicher Dämon den Weg zur Wohnung des Großen Geistes bewachte. Der Dämon versuchte, alle Lebewesen von der Verbindung mit dem Großen Geist fernzuhalten. Er versuchte, ihnen das Gefühl zu geben, daß der Große Geist, ihr Schöpfer, nicht gestört werden wollte. Dadurch konnte der Dämon sich mächtig fühlen und die Geschöpfe mußten ihn fürchten.

Das Reh hatte überhaupt keine Angst, als es sich dem Dämon näherte. Das war sehr eigenartig, denn der Dämon war das Urbild aller häßlichen Schreckgestalten, die es jemals gegeben hatte. Der Dämon schnaubte Feuer und Rauch und brachte ekelhafte Geräusche hervor, um das Reh zu erschrecken. Jedes gewöhnliche Lebewesen hätte die Flucht ergriffen oder wäre vor Schreck auf der Stelle gestorben.

Aber das Reh sagte zum Dämon: »Bitte laß mich vorbei, denn ich bin auf dem Weg zum Großen Geist.«

Des Reh's Augen waren voller Mitleid für diesen prahlerischen Dicksack von einem Dämon. Der Dämon war sehr erstaunt, daß das Reh sich nicht fürchtete, und wie sehr er sich auch abmühte, er konnte das Reh nicht erschrecken, denn dessen Liebe hatte bereits sein verhärtetes häßliches Herz ergriffen. Zu seinem Entsetzen begann sein steinhartes Herz zu schmelzen und sein Körper wurde so klein wie eine Walnuß. Des Reh's beharrliche Liebe und Freundlichkeit hatte den Dämon zusammengeschmolzen. Durch diese Freundlichkeit und Fürsorglichkeit, die das Reh verkörpert, ist der Weg zum Großen Geist jetzt für alle seine Kinder frei, ohne daß sie fürchten müßten, daß irgendwelche Dämonen sich ihnen in den Weg stellten.

Das Reh lehrt uns, die Kraft der Freundlichkeit zu nutzen, um die Herzen und die Gedanken verletzter Geschöpfe zu berühren, die uns daran hindern wollen, zum Heiligen Berg aufzusteigen. Wie die Flecken auf der Decke des Reh's, so sollen sowohl das Licht, als auch das Dunkel von uns geliebt werden, damit Freundlichkeit und Sicherheit in all denen wachsen, die Frieden suchen.

Wenn das Reh heute mit sanften Püffen seinen Weg in Ihre Karten gefunden hat, dann sind Sie aufgefordert, die Freundlichkeit des Geistes zu finden, die alle Wunden heilt. Versuchen Sie nicht mit Gewalt, die anderen zu ändern, sondern lieben Sie sie, wie sie sind. Begegnen Sie Ihrer jetzigen Lage mit Freundlichkeit und werden Sie wie eine Sommerbrise: warm und fürsorglich. Das ist das Werkzeug, mit dem Sie das Dilemma lösen, vor dem Sie derzeit stehen. Wenn Sie es gebrauchen, treten Sie mit dem Heiligen Berg in Verbindung, dem Ort, von dem Ihre Heiterkeit ausgeht, und der Große Geist wird Sie dabei leiten.

AUF DEM KOPF STEHENDES REH

Wenn das Reh in umgekehrter Lage erscheint, dann ist dies ein Hinweis darauf, daß Sie Ihren Ängsten den Hof machen, indem Sie die Dämone Ihrer eigenen negativen Gedanken bekämpfen. Es sagt Ihnen, daß Gewaltanwendung nicht immer das beste Mittel ist. Vielleicht sind Sie nicht genügend bereit, sich selber so großzügig zu lieben, daß Sie Ihre Furcht spüren und sie von alleine vergehen lassen. Wahrscheinlich projizieren Sie Ihre Ängste auf andere. Vielleicht sind es die anderen, die Sie fürchten, weil die auf eine Art und Weise reagieren, wie Sie es von sich selber aus früheren Zeiten kennen. In jedem Fall gibt die Liebe den Schlüssel in die Hand. Das einzige wirkliche Gegengewicht zu Macht ist die mitleidende Liebe von dem Reh. Wenn Sie bereit sind, Liebenswertes an sich selbst und an anderen zu finden, dann schmilzen Ihre Dämonen dahin. Ihre Ängste können nicht an dem gleichen Ort existieren, wo Liebe und Freundlichkeit wohnen.

Vergessen Sie nicht: Das Reh kann Ihnen einige Lektionen in unbedingter Liebe erteilen. Richtig angewendet ist unbedingte Liebe eine Liebe ohne Fesseln. Die Freundlichkeit des Reh's ist der Herzensraum des Großen Geistes, in dem die Liebe für uns alle wohnt.

Bär . . .
Lade mich ein
In deine Höhle,

Wo die Stille des Schweigens
Deine Antworten umgibt.

5
Bär

SELBSTBEOBACHTUNG

Die Stärke der Bären-Kraft liegt in der Selbstbeobachtung. Auf dem großen Medizinrad des Lebens liegt sie im Westen. Der Bär sucht Honig oder die Süße der Wahrheit in den Aushöhlungen alter Bäume. Im Winter, wenn die Eiskönigin regiert und das Gesicht des Todes auf der Erde liegt, zieht der Bär sich in den Höhlenbauch zum Winterschlaf zurück, um die Erfahrungen des Jahres zu verdauen. Man sagt, daß auch unsere Zielsetzungen im Westen liegen. Wenn wir die Ziele und Träume, die wir mit uns tragen, verwirklichen wollen, dann brauchen wir dazu die Kunst der Selbstbetrachtung.

Wenn wir wie der Bär die Sicherheit der Bauch-Höhle beanspruchen wollen, dann müssen wir uns mit den Energien der Ewigen Mutter in Einklang bringen und uns Nahrung suchen von der Plazenta der Großen Leere. Die Große Leere ist der Ort, an dem alle Antworten und Lösungen mit den Fragen, die unsere Wirklichkeiten ausmachen, harmonisch zusammenleben. Wenn wir glauben, daß das Leben voller Fragen ist, können wir auch glauben, daß die Antworten auf diese Fragen in uns selber wohnen. Jedes einzelne Lebewesen hat die Wahl, die Gedanken zur Ruhe zu bringen, ins Schweigen einzutreten und zu wissen.

Bei vielen Stämmen heißt dieser innere Raum des Wissens »Traum-Hütte«, wo das Ende der Illusion unserer physischen Wirklichkeit sich dunkel über die Weite der Ewigkeit legt. In der Traum-Hütte sitzen unsere Vorfahren und beraten sich, wie sie uns raten können, damit wir die verschiedenen Wege zu unseren Zielen finden. Das ist die Bären-Kraft.

Die weibliche, empfangende Energie, die es über die Jahrtausende möglich gemacht hat, daß Visionäre, Mystiker und Schamanen in die Zukunft geschaut haben, ist in dieser speziellen Bär-Energie enthalten. In Indien ist die Höhle das Symbol der Höhle Brahmas. Brahmas Höhle ist die Zirbeldrüse, die sich in der Mitte der vier Gehirnlappen befindet. Wenn man den Kopf von oben betrachtet, bildet er einen Kreis. Süden wäre dann die Stirn, Norden der Hinterkopf, Westen die rechte und Osten die linke Gehirnhälfte.

Der Bär ist im Westen, der intuitiven, rechten Gehirnhälfte. Wenn er überwintert, sucht er die Höhle auf, das ist die Mitte zwischen den vier Lappen, wo die Zirbeldrüse sitzt. Dort sucht er die Antworten im Winterschlaf-Traum. Im Frühling wird er wiedergeboren – vergleichbar dem Sich-Öffnen des Scheitel-Chakras.

Seit Äonen haben alle, die auf der Suche nach der Traumzeit und nach Visionen waren, den Weg des Schweigens gewählt, auf dem das innere Geplapper zur Ruhe kommt und der Ort der Übergangs-Riten, der Kanal für die feinsten Energien, die Zirbeldrüse erreicht wird. Von der Bärenhöhle aus finden Sie den Weg zur Traum-Hütte und zu den anderen Ebenen des Vorstellungsvermögens und Bewußtseins. Indem Sie den Bär gezogen haben, sind Sie von der Macht des Wissens eingeladen, den Raum des Schweigens zu betreten und mit der Traum-Hütte Bekanntschaft zu machen, damit Ihre Zielvorstellungen Wirklichkeit werden können. Darin liegt die Stärke des Bären.

AUF DEM KOPF STEHENDER BÄR

Wenn der Bär bei Ihnen umgekehrt liegt, dann ist Ihre Wahrnehmung durch innere Dialoge so verwirrt, daß Sie Ihre eigentlichen Ziele aus den Augen verloren haben. Indem Sie Antworten und Ratschläge bei den anderen gesucht haben, sind Ihre eigenen Empfindungen und Ihr eigenes Wissen vernachlässigt worden. Es ist an der Zeit, daß Sie Ihre Autorität zurückgewinnen, weil niemand besser als Sie selber wissen, was für Ihre Entwicklung erforderlich ist. Gewinnen Sie die Macht des Wissens zurück. Finden Sie Freude an der Stille und dem Reichtum des mütterlichen Schoßes. Lassen Sie die Gedanken der Verwirrung zur Ruhe kommen, während vom Westen die Klarheit leuchtet, die Ihren Träumen Nahrung gibt, so wie Mutter Erde uns alle ernährt.

Der umgekehrte Bär lehrt, daß Sie Ihre Ziele nur dadurch erreichen, daß Sie Ihr eigener Ratgeber sind. Wenn Sie etwas anderes tun als das, was Ihnen die allergrößte Freude bereitet, dann machen Sie sich der Verweigerung schuldig. Um aber glücklich sein zu können, müssen Sie sich erst selber kennenlernen. Sich selber kennen heißt, seinen Körper, sein Denkvermögen und sein geistiges Vermögen zu kennen. Nützen Sie Ihre Kräfte, um Ihre Schwächen zu überwinden und vergessen Sie dabei nicht, daß beide, sowohl die Stärken, als auch die Schwächen für Ihre persönliche Entwicklung nötig sind.

Ziehen Sie mit dem Bären in die Stille Ihrer Höhle und überwintern Sie dort schweigend. Träumen Sie Ihre Träume und nehmen Sie sie in Besitz. Mit neuer Kraft werden Sie dann bereit sein, den Honig zu entdecken, der im Baum des Lebens auf Sie wartet.

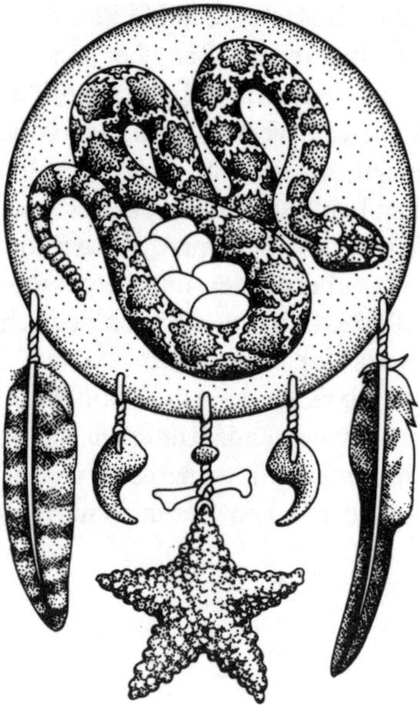

Schlange . . . komm gekrochen,
Funkelndes Feuer in Deinen Augen.
Beiß mich, stimuliere mich.

Ich werde versuchen zu verstehen,
Daß Gift, verwandelt,
Ewiges Feuer bringt.

Öffne mich dem Himmel,
Damit ich wieder heil werde.

6
Schlange

VERWANDLUNG

Menschen mit der Schlangen-Kraft kommen nicht sehr häufig vor. Ihre Initiation beinhaltet die Erfahrung und das Durchleben vieler Schlangenbisse, die sie in die Lage versetzen, alle Gifte zu verwandeln, ganz gleich ob sie gedanklicher, körperlicher, geistiger oder emotionaler Natur sind. Die Kraft der Schlangen ist Schöpfungskraft, denn sie enthält Sexualität ebenso wie psychische Energie, Alchemie, Fortpflanzung und Transformation (bzw. Unsterblichkeit).

Die Verwandlung des Kreislaufs aus Leben – Tod – Wiedergeburt ist in der Häutung der Schlange versinnbildlicht. Es ist die Energie der Ganzheit, der kosmischen Energie und der Fähigkeit, widerstandslos und willentlich alle Erfahrungen zu machen. Es ist das Wissen darum, daß alle Dinge in gleicher Weise Geschöpfe sind und daß die Dinge, die möglicherweise als giftig erfahren werden, mit der richtigen inneren Einstellung ebensogut wie alle anderen gegessen, verdaut, integriert und verwandelt werden können. Thoth, ein Bewohner von Atlantis, der später als Hermes auf die Erde zurückkehrte und der Vater der Alchemie wurde, hat als Symbol des Heilens zwei um ein Schwert gewundene, ineinander verschlungene Schlangen. Das volle Verstehen und Annehmen der männlichen und der weiblichen Elemente in jedem Organismus erlaubt ein Zusammenschmelzen der beiden in einem und bringt dadurch göttliche Energie hervor.

Diese Medizin lehrt, daß Sie auch als Person ein allgemeines, umfassendes Wesen sind. Indem Sie die Gesamtheit der zu Ihrem Leben gehörenden Gesichtspunkte annehmen, können Sie die Verwandlungskraft der Feuer-Medizin nutzen. Im materiellen

Bereich erzeugt diese Feuer-Energie Leidenschaft, Begierde, Fortpflanzung und physische Vitalität. Im emotionalen Bereich bringt sie Ehrgeiz, Kreativität, Entschlußkraft und Träume hervor. Im Verstandesbereich wird sie zu Intellekt, Macht, Charisma und Führungskraft. Und wenn diese Schlangen-Energie den geistigen Bereich berührt, dann entstehen dort Weisheit, Verstehen, Ganzheit und Verbindung zum Großen Geist. Wenn Sie dieses Symbol gewählt haben, dann gibt es in Ihnen einen Bedarf an Verwandlung: von Gedanken, Handlungen oder Wünschen, damit Sie zu Ganzheitlichkeit kommen. Wir sprechen hier zwar über schwerwiegende magische Prozesse, aber Sie sollten nicht vergessen, daß Magie nur Bewußtseinsänderung ist. Werden Sie also zum Magier oder zur verzaubernden Kraft: verwandeln Sie die Energie und akzeptieren Sie die Kraft des Feuers.

AUF DEM KOPF STEHENDE SCHLANGE

Wenn Sie dieses Symbol verkehrt herum liegen haben, dann könnten Sie ihre Verwandlungsfähigkeit verbergen wollen. Denken Sie darüber nach, ob Sie an Ihren derzeitigen Umständen nur deshalb nichts verändern wollen, weil das kurzfristig einige Unbequemlichkeiten mit sich bringen würde. Hindern diese Unbequemlichkeiten Sie daran, den Standpunkt des inneren Magiers einzunehmen? Ist das alte Muster vielleicht sicher, verläßlich und ein guter alter Trott? Um jenseits der Stelle gleiten zu können, die zwar sicher, aber unproduktiv ist, müssen Sie die Schlange werden. Streifen Sie die äußere Haut Ihrer derzeitigen Identität ab. Bewegen Sie sich durch die träumerische Illusion, innerhalb derer statisches Festhalten am gegenwärtigen Zustand für gut geheißen wird, und finden Sie einen neuen Rhythmus, während Ihr Körper durch den sandigen Boden des Bewußtseins gleitet wie ein Fluß, der sich zum Wasser des großen Meeres hinschlängelt. Ergießen Sie sich in dieses Wasser mit der Gewißheit, daß das eine Tröpfchen, das Sie sind, vom Ganzen aufgenommen und angenommen wird.

Wenn Sie den Rhythmus der Schlange spüren, dann werden Sie frei tanzen und die Verwandlungskräfte des Universums werden dann als Teil Ihres sinnlichen Tanzes Teil Ihrer eigenen Kraft.

Stinktier . . .
  Erzähl mir die Geschichte,
    Damit ich weiß,
      Wie man anzieht,
        Und wie man abstößt.

7

Stinktier

ANSEHEN

Stinktier-Kraft, daß ich nicht lache! Doch dieses pelzige kleine Wesen genießt ein Ansehen, in dem viel Kraft steckt. Die Menschen räumen diesem kleinen stinkenden Geschöpf aufgrund seines ganz speziellen Verhaltens einen enormen Platz ein. Das Schlüsselwort hier ist *Respekt*.

Anders als andere Raubtiere bedroht der Skunk nicht Ihr Leben, sondern Ihren Geruchssinn. Wer jemals seine Sprühtätigkeit aus der Nähe erfahren hat, kann das bestätigen. Wenn man das Verhalten des Stinktiers beobachtet, merkt man sofort, wie verspielt und lässig seine natürlichen Bewegungen sind. Die »trau' Dich nur«-Haltung dieses vierfüßigen Geschöpfs zwingt Sie als Beobachter, ganz allein schon aufgrund seines Rufs, seinen Raum zu respektieren.

Das Stinktier lehrt, daß wir, wenn wir unseren Worten Taten folgen lassen und uns selber achten, eine Position der Stärke und der Hochschätzung aufbauen. Unsere Körperhaltung deutet den anderen an, was wir von uns selber halten. Wenn Ihr Sinn für sich selbst im Gleichgewicht ist, dann haben Sie gar nicht das Bedürfnis, andere durch prahlerisches, schlimmes, quälendes Verhalten zu überwältigen. Wie bei dem Skunk wird das energetische Magnetfeld um Ihren Körper von den anderen sinnlich wahrgenommen. Die Selbstachtung füllt ihre Aura und wird von den anderen intuitiv wahrgenommen.

Lernen Sie, ohne Einbeziehung Ihres Ego, zu behaupten, was Sie sind. Respekt wird Ihnen dann gewiß entgegengebracht werden. Indem Sie sich selber respektieren, werden Sie alle diejenigen abweisen, die eines anderen Geistes sind und diejenigen anziehen, die den gleichen Weg suchen wie Sie. Wie der Geruch des Stinktiers seinesgleichen anzieht, so stößt er diejenigen ab, die seinen Raum nicht respektieren.

Menschen mit der Kraft des Stinktieres können sehr anziehend wirken, und sie sind charismatische Menschen. Die Kehrseite ihrer natürlichen Anziehungskraft ist die ebenso natürliche Fähigkeit, diejenigen abzuweisen, die von ihrer Energie zehren wollen, ohne etwas von dem, was sie bekommen haben, weiterzugeben.

Menschen mit Stinktier-Kraft wissen auch, wie sie den Energiefluß nutzen, der den Geliebten oder die Geliebte anzieht. Manche Leute nennen das magische sexuelle Anziehungskraft. Es ist dem Moschusduft verwandt, mit dem manche Tiere ihren Partner anziehen. Es kann sehr gefährlich sein, etwas von dieser sexuellen Energie entweichen zu lassen, wenn Sie gar nicht auf der Suche nach einem Partner sind. Sie geraten dadurch in eine Spiel-Situation, die möglicherweise Ihrem Ego Nahrung gibt, die aber nicht dem Bild entspricht, das andere von Ihnen haben. Wenn Sie andere anziehen, die an Ihnen interessiert sind, dann sagen Sie gewissermaßen: »Ich bin zu haben.« Das kann sehr bittere Gefühle erzeugen, wenn die Wahrheit herauskommt. Außerdem vergeuden Sie Energien, die Sie sehr viel konstruktiver nutzen könnten.

Stinktier-Kraft zeigt Ihnen, wie man mit Energieflüssen umgehen kann. In der modernen Psychologie entspricht dem die Körpersprache. In der Stammestraditon ist dies Ihre persönliche Kraft, die Sie den anderen zeigen. Setzen Sie Ihre Kraft gut ein und denken Sie daran, daß Sie durch Ihren Ruf geprägt werden. So wie Sie Ihre Energie einsetzen, werden Sie entweder Ehre oder Schande ernten. Sie sollten prüfen, durch welche Arten von Energie Sie gegenwärtig Ihre augenblickliche Situation prägen.

Wenn Sie dieses Symbol gewählt haben, dann sind Sie aufgefordert, darauf zu achten, welche Art von Menschen Sie anziehen. Wenn diese Leute um vorteilhafte Eigenschaften geradezu wetteifern, dann dürfen Sie genügend hohes Selbstvertrauen haben, dieselben Eigenschaften bei sich selbst bestätigt zu finden.

Ihr Gang und Ihre Haltung sollten stolz aufgerichtet sein. Denken Sie daran, daß Ihr letzter Schutz im Glauben an Sie selbst besteht. Lassen Sie das Licht der Selbstachtung weit vorausleuchten.

AUF DEM KOPF STEHENDES STINKTIER

Stinktier-Kraft kann, wenn sie durch ein auf dem Kopf stehendes Stinktier gekennzeichnet ist, anzeigen, daß andere Ihre Haltung der Selbstachtung für aufgesetzt halten. Achten Sie darauf, ob Sie Menschen in Ihrer Umgebung dadurch abstoßen, daß Sie deren Neidgefühle wecken oder ihre Eifersucht oder, daß diese Menschen ihre eigenen Gefühle der Minderwertigkeit auf Sie projizieren. Überprüfen Sie auch Ihre eigenen Gefühle. Seien Sie ehrlich mit sich selbst. Bringen Sie Klärung in die Situation, indem Sie die Haltung des Stinktiers einnehmen: Gelassenheit. Durch eine gelassene Haltung neutralisieren Sie die Wirkung der ausströmenden Energie.

Indem Sie Energie und Lebenskraft ausströmen, verbreiten Sie möglicherweise einen für Ihre Umgebung unerträglichen Geruch. Das ist der Situation vergleichbar, in der wir bei jedem, der nur willig ist zuzuhören, alle unsere Kümmernisse abladen. Wenn das bei Ihnen der Fall ist, dann ist es an der Zeit, den Mund zu halten und nach innen zu gehen. Es kann auch sein, daß Sie sexuelle Energie ausströmen und damit den Gegenstand Ihrer Sehnsüchte abstoßen. Vielleicht ist die entsprechende Person zu scheu, als daß sie Ihnen nahelegen könnte, sich zurückzuziehen. Schauen Sie ganz tief hinein in das Bild, das Sie von sich selbst haben und beobachten Sie, wie andere darauf reagieren.

Damit Ursache und Wirkung Ihrer Handlungen und Energieströme sich ausgleichen, müssen Sie entscheiden, ob Sie Ihren Duft in Richtung der anderen sprühen wollen, um damit Neid, Geiz, Eifersucht oder Liebeswahn von sich fern zu halten oder nicht. Was Sie aber immer hochhalten müssen, ist Ihr »Recht zu sein«. Selbstachtung ist der Schlüssel zu all diesen Situationen, wogegen das Ego nur ein schwankendes Bild unserer Stimmungen ist.

Das Stinktier sagt: »Wenn Dein Ego nicht Dein Freund ist, dann stinkt's«.

Otter . . .
So verspielt,
So kokett am Bach.

Die Kraft der Frauen,
Der verwirklichte Traum.

8
Otter

WEIBLICHE MEDIZIN

Die Medizin, die der Otter bereithält, ist ein ganzer Satz von Lehrstücken in weiblicher Energie. Das gilt für Männer wie für Frauen, denn wir haben alle in uns eine weibliche Seite. Das Otterfell wird häufig dazu benützt, Medizinbeutel für mächtige Frauen zu machen, weil es für ausgeglichene weibliche Energie steht. Der Otter ist sehr liebevoll zu seinen Jungen und spielt stundenlang mit ihnen, wobei er die ungeheuerlichsten akrobatischen Leistungen vollbringt. Er lebt auf dem Land, baut seine Höhlen aber immer in Wassernähe. Erde und Wasser sind die Elemente der Frau. Weil der Otter in beiden Elementen zuhause ist, gilt er als Personifizierung der Weiblichkeit: langgestreckt, schlank, graziös – der Otter ist die eigentliche Kokette in der Tierwelt.

Der Otter ist immer in Bewegung und immer sehr neugierig. Anders als manche andere Tiere würde der Otter niemals kämpfen, außer er wird angegriffen. Dieses fröhliche kleine Geschöpf ist abenteuerlustig und geht davon aus, daß alle anderen Geschöpfe ebenfalls freundlich sind – bis zum Beweis des Gegenteils.

Diese Charaktereigenschaften machen die Schönheit der ausgeglichenen weiblichen Seite aus, der Seite in uns nämlich, die für andere Raum schafft, so daß sie ohne Vorurteile oder Verdacht in unser Leben treten können. Der Otter lehrt uns, daß ausgeglichene weibliche Energie nicht eifersüchtig oder zickig ist. Sie ist schwesterlich, ganz zufrieden, wenn sie sich am Glück anderer mitfreuen kann. Tief verwurzelt in dem Bewußtsein, daß alle Errungenschaften Einzelner allen anderen zugute kommen, können Otter-Menschen ihre Freude über andere frei zum Ausdruck bringen.

Vor langer Zeit, als noch Stammesrecht herrschte, hat eine Frau ihrer verwitweten Schwester den eigenen Mann zum Liebhaber gegeben, damit sie nicht austrocknete, wenn sie ihrer schöpferischen Lust nicht nachgeben konnte. Das ist auch Otter-Medizin. Neid oder die Angst, ersetzbar zu sein, haben in dem ausgeglichenem Verständnis des Otters von teilender Güte keinen Platz.

Weibliche Energie ohne Kontrollsucht und Spiellust ist eine wunderbare Erfahrung. Es ist die Freiheit der Liebe ohne Eifersucht. Es ist die Freude darüber, daß man die Kinder oder die Erfolge der anderen ebenso lieben kann wie die eigenen.

Es könnte an der Zeit sein, Ihre Gefühle zu überprüfen: ob Sie nicht die Geschenke, die das Leben Ihnen gemacht hat, mit anderen teilen wollen. Der Otter kann auch sagen wollen, daß es um die feineren Qualitäten der Frau geht, die sowohl von Männern als auch von Frauen entwickelt werden sollten, so daß eine Vereinigung auf der geistigen Ebene stattfinden kann. Das würde die Beseitigung der Eifersucht beinhalten und die Beseitigung aller Zornestaten, die aus dieser einen Angst entstehen. Es würde bedeuten, daß wir ein Falkenauge auf unser Ego richten müßten und absolutes Vertrauen aufrecht halten. Es würde bedeuten, daß die Menschen dieser Welt zusammenkommen und das Recht jeder Person auf Ihr Dasein respektieren.

Wenn Sie dieses Symbol gezogen haben, dann will der Otter Ihnen mitteilen, daß Sie wie ein verspieltes Kind den Ereignissen in Ihrem Leben einfach erlauben sollten, sich zu ereignen. Es mag an der Zeit sein, daß Sie aufhören, sich Sorgen zu machen. Der Otter lehrt auch, wie wichtig es ist, sein Herz nicht an materielle Güter zu hängen, die Sie binden oder zur Last werden. Wenn Sie wissen wollen, wie Sie dem Verhalten des Otters etwas Nützliches abschauen können, dann schauen Sie auf die fröhliche und die empfängliche Seite Ihres Gemüts. Haben Sie sich kürzlich ein Geschenk gemacht? Haben Sie in Ihren Meditationen irgendeine Botschaft empfangen? Werden Sie Otter und rutschen Sie sanft in den Fluß des Lebens. Lassen Sie sich treiben in den Wassern des Universums... das ist die Art der ausgeglichenen, weiblichen, empfänglichen Energie. Geben Sie ihr die gebührende Ehre! Sie werden dabei die Macht der Frau entdecken.

AUF DEM KOPF STEHENDER OTTER

Wenn die Otter-Karte umgekehrt liegt, dann Sind Sie von einer Idee zur nächsten gehetzt – ohne Focus. Es könnte auch bedeuten, daß Sie verlernt haben zu empfangen und daß Sie mit Ihrer männlichen Energie verhindern, daß aus dem Universum ein Geschenk zu Ihnen kommt. Vielleicht geniert es Sie, wenn Ihnen ein Kompliment gemacht wird oder jemand Sie umarmt, oder wenn einmal ein Stück Ihrer eigentlichen Person zum Vorschein kommt. Wenn der Otter auf dem Kopf steht, dann lautet die Botschaft: Sie fürchten sich davor, einfach zu sein. Lassen Sie die Ernsthaftigkeit fahren und spielen Sie so ums Leben, daß die Furcht den Rücken hinunterkullert. Denken Sie daran, daß der einzige Fluß der Fluß der Liebe des Großen Geistes zu Ihnen hin, von Ihnen zu anderen und von anderen zu Ihnen zurück ist.

Schmetterling . . .
Du flatterst im Morgenlicht,
Viele Gestalten hast Du gekannt,
Bevor Du zu fliegen begannst.

9
Schmetterling

TRANSFORMATION

Die Kraft, die der Schmetterling uns bringt, ist mit der Luft verwandt. Es ist das Denkvermögen und die Möglichkeit, die Gedanken zu kennen oder das Denken zu verändern. Es ist die Kunst der Transformation, der Umwandlung.

Wenn Sie Schmetterling-Medizin anwenden wollen, müssen Sie sehr schlau Ihre gegenwärtige Position im Kreislauf der Selbstverwandlung beobachten. Wie der Schmetterling, so sind auch Sie immer gerade an einem bestimmten Punkt Ihrer Entwicklung. Das kann das Ei-Stadium sein, bei dem alles beginnt. Eine Idee ist geboren, ist aber noch nicht Wirklichkeit geworden. Der Larvenzustand ist der Punkt, an dem Sie entscheiden, die Idee Wirklichkeit werden zu lassen. Der Kokon-Zustand ist der Zeitpunkt, an dem Sie nach innen gehen müssen, die Idee oder das Projekt oder irgendein Teil Ihrer Persönlichkeit wird jetzt entwikkelt. Die letzte Stufe der Umwandlung ist das Schlüpfen aus der Puppe und die Geburt des Schmetterlings. Dieser letzte Schritt beinhaltet die Bereitschaft, die Farben und die Freuden Ihrer Schöpfung mit der Welt zu teilen.

Wenn Sie genau hinschauen, was der Schmetterling Sie lehren will, dann werden Sie merken, daß es der nicht endende Kreislauf der Selbstverwandlung ist. Wenn Sie wissen wollen, wie Sie feststellen können, an welchem Punkt der Entwicklung Sie sich selber befinden, dann müssen Sie sich folgende Fragen beantworten:

1. Handelt es sich um den Ei-Zustand: ist es nur ein Gedanke, eine Idee?

2. Handelt es sich um den Larven-Zustand: Muß ich eine Entscheidung treffen?
3. Handelt es sich um den Kokon-Zustand: Entwickle ich etwas, tue ich etwas, um meine Idee Wirklichkeit werden zu lassen?
4. Handelt es sich um die Geburt: Teile ich die Vollendung meines Werks mit anderen?

Indem Sie sich diese Fragen stellen, merken Sie, wie der Schmetterling sich Ihnen mitteilt. Wer weiß, wo er sich auf dem Kreislauf der Verwandlung befindet, weiß auch, welches der nächste Schritt ist. Der Schmetterling hilft dabei. Wenn Sie die Stelle gefunden haben, durch die Sie sich gerade hindurchbewegen, dann nehmen Sie an der Kreativität des Schmetterlings teil.

Es ist sehr leicht, die Luft bzw. die Kraft des Denkens, die in dieser Medizin steckt, zu nutzen. Wenn Sie z.B. erschöpft sind und darüber nachdenken, wie Sie dieser Übermüdung Herr werden können, dann denken Sie an die Farben, von denen Sie in letzter Zeit angezogen worden sind. Fühlt Ihr Körper sich bei Grün wohl? Heißt das, daß Sie mehr Grünzeug essen sollten? Solcherlei Gedanken kommen Ihnen als Inspiration aus der Schmetterling-Medizin.

Der Schmetterling klärt den Denkprozeß, hilft, Projekte zu organisieren und den nächsten Schritt – auch in der persönlichen Entwicklung – zu setzen. Wer dieses Symbol zieht, sollte wissen, daß irgendeine Form der Umwandlung bevorsteht. Wenn Sie wissen wollen, welches der nächste Schritt ist, müssen Sie den »Schmetterling« (S. 31) legen.

AUF DEM KOPF STEHENDER SCHMETTERLING

Wenn Sie die Schmetterlingskarte umgekehrt liegen haben, dann ist Ihre Lektion ganz einfach. Es muß sich etwas in Ihrem Leben verändern, aber Sie wollen es nicht wahrhaben. Das könnte etwas mehr Freiheit sein, aber auch Ferien oder eine andere

Arbeit. Es kann sein, daß Sie glauben, eine Veränderung sei zu schwerwiegend oder schwierig, so daß Sie lieber bei den alten Gewohnheiten bleiben. Damit aber sagen Sie, daß Sie den Mut des Schmetterlings verloren haben. Wieso steht der Schmetterling für Mut? Weil die Welt außerhalb so grundverschieden von der innerhalb des Kokons ist und die alten Erfahrungen dort nicht angewendet werden können. Diese neue Welt will, daß Sie Ihre frisch gewachsenen Flügel benützen – und fliegen!

Schildkröte . . .
Große Mutter,
Nähre meine Seele,
Bekleide mein Herz,

Damit auch ich Dir dienen kann.

10
Schildkröte

MUTTER ERDE

Nach der Lehre der indianischen Völker Amerikas ist die Schildkröte das älteste Symbol auf dem Planeten Erde. Es ist die Personifizierung der Energie der mütterlichen Gottheit, von der alle ihr Leben haben. Aus dem Mutterleib der Erde sind wir geboren und unsere Körper werden wieder in ihren Boden zurückkehren. Indem wir der Erde unsere Ehrerbietung entgegenbringen, ermahnt uns die Schildkröte an den Kreislauf von Geben und Nehmen. Wir sollen der Mutter zurückgeben, so wie wir von ihr erhalten haben.

Die Schildkröte hat einen Panzer so wie auch die Erde sich während Jahrhunderten dagegen geschützt hat, daß ihr Leib geschändet wird. Ihr Schutz besteht in Erdverwerfungen, neuem Pflanzenwachstum, neuen Erdmassen durch Vulkanausbrüche und Klimaveränderungen. Und wie die Schildkröte, so haben auch Sie Schutzschilde, die Sie vor Verletzungen schützen, vor Beleidigungen, Neid, Eifersucht und vor dem Unterbewußten anderer Menschen. Die Schildkröte lehrt Sie, wie man sich schützt. Wenn andere Sie durch ihre Handlungen oder durch ihre Worte verletzen, dann sollten Sie sich in sich selbst zurückziehen und Ihre Gefühle schützen. Wenn Sie angegriffen werden, schnappen Sie einmal zur Warnung.

Wenn Sie das Symbol der Schildkröte gewählt haben, dann wird von Ihnen erwartet, daß Sie in sich Selbst die Quelle des Schöpferischen in Ehren halten, daß Sie auf den Boden der Tatsachen stellen und Ihre Lage mit mütterlicher Fürsorge betrachten. Nützen Sie die Wasser- und die Erdenergien, die beide zum Lebensraum der Schildkröte gehören, damit Sie mit Ihren Umständen harmonisch mitfließen und ebensogut mit beiden Füßen fest auf dem Boden stehen können, wenn es zu einem Machtkampf kommt.

Die Schildkröte ist eine hervorragende Lehrerin, wenn es darum geht, Fuß zu fassen. Wenn Sie sich mit der Kraft der Schildkröte versorgen, können Sie lernen, weniger traumtänzerisch zu sein. Indem Sie Boden unter die Füße bekommen, lernen Sie, Ihre Gedanken zu richten und ebenso, Ihren Handlungen eine Richtung zu geben und beides etwas weniger hastig, so daß Sie auch sicher sind, daß Sie ans Ziel kommen.

Mit ihrer unermüdlich fleißigen Gangart warnt die Schildkröte vor der Gefahr, »der Zeit vorauszueilen«. Das Korn, das geschnitten wird, bevor es reif ist, kann nicht gedroschen werden. Wenn ihm aber die Chance gegeben wird, zu seiner Zeit zu reifen, ernährt es viele.

Die Schildkröte verbirgt ihre Gedanken wie ihre Eier im Sand, wo sie die Kleinen von der Sonne ausbrüten läßt. Das kann als Lehre dafür dienen, daß man seine Ideen erst zur Reife bringen sollte, bevor man sie dem Licht der Öffentlichkeit aussetzt. Denken Sie an die alte Geschichte von der Schildkröte und dem Hasen (Hase und Igel) und überlegen Sie, ob Sie nicht lieber auf der Seite der Schildkröte sein möchten. Größer, stärker, schneller sind nicht immer die besseren Lösungen, um an ein Ziel zu kommen. Wenn Sie ankommen und gefragt werden, wo Sie vorher waren, wissen Sie es vielleicht gar nicht mehr. In einem solchen Fall kann es sein, daß Sie sich sehr unreif vorkommen, wenn Sie zu früh ankommen.

Wenn Sie die Schildkröte-Karte gezogen haben, dann wird damit eine Zeit vorausgesagt, in welcher Sie mit der Kraft der Erde und mit der Macht der Mutter-Gottheit in Ihnen selbst Kontakt aufnehmen werden. Es ist eine Erinnerung daran, daß Mutter Erde eine wunderbare Verbündete ist. Ganz gleich in welcher Lage Sie sich befinden: bitten Sie sie um Hilfe, dann wird sie in reichem Maße auf Sie zukommen.

AUF DEM KOPF STEHENDE SCHILDKRÖTE

Wenn Sie die Karte verkehrt herum gezogen haben, dann ruft Mutter Erde Sie auf, wieder Kontakt mit ihr aufzunehmen. Wenn Sie leichtsinnig geworden sind und beispielsweise mit Abfällen nachlässig oder gleichgültig umgehen, dann ruft sie. Sie ruft auch, wenn Sie bedürftig und allein sind. Wenn Sie in Geldnot sind, wenig zu essen haben oder wenn Sie sich ein Kind wünschen und nicht schwanger werden, dann ist sie Ihre Medizin. Nutzen Sie sie! Sie sind nicht allein – niemals. Sie sind ein Kind der Erde. Alle Freude, aller Genuß, aller Überfluß wird uns von der Mutter der schöpferischen Kraft geschenkt. Nutzen Sie die Energie, mit der sie uns hilft. Sie werden so weit geheilt sein, daß Sie diese Kraft mit anderen teilen können.

Die auf dem Kopf stehende Schildkröte kann auch an die auf den Rücken gedrehte und nun hilflos daliegende Schildkröte erinnern, die sich abmüht, wieder auf die Füße zu kommen. Sie sind nicht Opfer, und Sie sind auch nicht hilflos, auch wenn es noch so sehr danach aussieht. Um die in ihrer Ehre gekränkte Schildkröte wieder ins Recht zu setzen, müssen Sie nur an all das denken, wofür Sie dankbar sind. Und von diesem festen Punkt der Dankbarkeit in ihrem Herzen aus können Sie auf den Überfluß schauen, den Mutter Erde verschenkt.

Elch . . .

Hilf mir, die Geschenke anzuerkennen,
Die ich geben kann,

Und meine Werte zu schätzen,
Ein Leben lang.

11
Elch

SELBSTACHTUNG

Der Elch hat seinen Platz im Norden des Medizinrads – wie der Büffel. Norden ist der Ort der Weisheit. Die Medizin des Elchs ist deshalb Selbstachtung, weil er für die Kraft steht, die anerkennt, daß eine bestimmte Situation mit Weisheit gemeistert worden ist.

Der Elch ist noch größer als der Wapiti und sehr stark. In einer feucht riechenden Frühlingsnacht den Ruf des Elchs zu hören, ist etwas Unheimliches. Sein Stolz ist seine Männlichkeit, und in der Art, wie er sein Verlangen äußert, der Elch-Kuh seinen Samen zu geben, äußert sich sein Gefühl der Selbstachtung. Der Brunftschrei des männlichen Elchs ist eine positive Kraft, denn er ist Ausdruck seiner Entschlossenheit, »der Welt« seine Empfindungen mitzuteilen.

In dieser Mitteilungsfreude steckt ein Sinn für Erfolg. Es gibt keine größere Freude als die über eine gelungene Tat. Es geht ihm nicht um Zustimmung, sondern um die Freude des Hergebens, die von einem aus dem tiefsten Wesenskern herausdrängenden Glücksausbruch kommt.

Die Weisheit, die in dieses Bild verwoben ist, ist die, daß der Schöpfungsprozeß immer neue Schöpfungsprozesse in Gang setzt. Der Elch sagt, daß Freude voller Stolz hinausgerufen werden sollte. Freude ist nämlich mitreißend. In diesem Sinne ist der Brunftschrei für uns alle eine Gelegenheit, aufzuschauen und: »gut gemacht« zu sagen – zu uns selbst und zueinander.

Menschen mit der Kraft des Elchs haben die Begabung zu wissen, wann sie so freundlich wie ein Reh und wann so wütend wie ein Büffel auftreten müssen. Sie verstehen sich auf das

Gleichgewicht andere zu Befehligen – damit etwas vorangeht – und der Bereitschaft, selber Hand anzulegen. Die Weisheit der Elch-Medizin ist dem Großvater-Krieger verwandt, der seine Kriegsbemalung längst abgelegt hat und nun die jungen Stiere darin berät, wie sie ihren Mut kühlen können.

Die Ältesten haben oft die Kraft des Elchs. Sie sind die Gute Rote Straße gewandert und haben vieles gesehen und erlebt. Sie haben ihre Freude daran, die Jüngeren einzuweisen und die Ersten zu sein, die ihnen Mut machen. Das heißt nicht, daß Menschen mit der Kraft des Elchs nicht auch warnen, wenn sie aufgrund ihrer Weisheit dazu veranlaßt sind. Menschen mit Elch-Kraft wissen, was sie sagen, wann sie es sagen und zu wem sie es sagen.

Im Stammesleben werden die Ältesten für ihre Gabe der Weisheit, für ihre Fähigkeit zu lehren und für die Ruhe, die sie in der Runde des Rats ausstrahlen, hoch geehrt. Wenn Sie diese Gaben besitzen, obwohl Sie noch jung sind, dann nutzen Sie die Elch-Kraft, um andere bei ihrem Wachstum zu ermutigen. Die Weisheit der Elch-Medizin hat viele Facetten.

Wenn Sie die Elch-Karte gezogen haben, haben Sie Grund, über irgendetwas zufrieden zu sein, das Sie auf Ihrem Weg erreicht haben. Das kann ebensogut eine Gewohnheit sein, die Sie aufgegeben haben wie die Fertigstellung irgendeiner Arbeit, die Einsicht in irgendein wichtiges Ziel, das Sie sich setzen wollen oder ein mühsam errungenes neues Selbstbewußtsein. Lassen Sie das Gefühl des Stolzes zu und schenken Sie denen, die Ihnen dabei geholfen haben, respektvolle Anerkennung.

Eine gute Übung zur Aneignung der Kraft des Elchs ist es, alles aufzuschreiben, was Sie an sich selbst und an Ihrem Lebensweg lieben. Dasselbe tun Sie für Freunde, Verwandte, Mitarbeiter.

Dann teilen Sie den anderen mit, was Sie herausgefunden haben. Denn jene brauchen die Ermutigung ebenso sehr wie Sie.

AUF DEM KOPF STEHENDER ELCH

Wenn der Elch verkehrt herum liegt, dann heißt dies, daß Ihr Ego auf Ihr Gefühl für Erfolg verheerende Auswirkungen haben kann. Denken Sie daran, daß die anderen die gleichen Voraussetzungen haben wie Sie selber und werden Sie nicht nachlässig in der Beurteilung ihrer Begabungen. Der umgekehrte Elch sagt, daß Sie, während Sie mächtig in Ihr eigenes Horn geblasen haben, das Interesse an den anderen verloren und vergaßen, daß in einer Weise jeder jeden etwas lehrt.

Ein umgekehrter Elch könnte Ihnen sagen wollen, daß Sie eine zeitlang im Stillen wachsen, Ihren Geist zur Ruhe bringen und der Kraft und der Weisheit des Schweigens Eintritt zu Ihrem Herzen gewähren sollten. Das ist überhaupt das Herzstück der Elch-Medizin: Die Weisheit des Schweigens zu beherrschen, so daß Sie, wenn es an der Zeit ist zu reden, die Stimme stolz erheben können.

Stachelschwein . . .
Erinnere mich an die Unschuld,
Wo jeder Mann ein Bruder
Und jede Frau eine Freundin ist.

12
Stachelschwein

UNSCHULD

Im Süden des Medizinrads befinden sich kindliche Unschuld und Demut. Hier ist die Verspieltheit zuhause, und hier hat das Stachelschwein auf dem Medizinrad des Lebens seinen Platz.

Das Stachelschwein hat viele besondere Eigenschaften und eine sehr mächtige Medizin: Die Kraft des Glaubens und des Vertrauens. In der Kraft des Glaubens ist die Kraft enthalten, Berge zu versetzen. Die Kraft des Vertrauens schließt das Vertrauen darin ein, daß der Große Geist einen göttlichen Plan verfolgt. Ihre Aufgabe ist es, den Weg zu finden, der für Sie am besten geeignet ist, und der Ihre besten Talente nutzt, um diesen Plan mitzuerfüllen. Vertrauen kann die Türen zu neuen Räumen aufstoßen. Dieser neu geschaffene Raum ermöglicht es den anderen, ihr Herz zu öffnen und ihre Liebe, Freude, Kameradschaftlichkeit mit Ihnen zu teilen.

Wenn Sie das Stachelschwein beobachten würden, dann würden Ihnen sofort die Stachel auffallen. Diese Stacheln werden nur gebraucht, wenn das Vertrauen zwischen dem Stachelschwein und einem anderen Geschöpf gestört ist. Ähnlich wie der Otter ist das Stachelschwein ein freundliches, liebevolles Geschöpf und überhaupt nicht aggressiv. Wenn es sich nicht fürchten muß, läßt es sich von Hand füttern, ohne daß man mit den Stacheln in Berührung kommt.

Indem Sie dieses Tier verstehen lernen, begreifen Sie langsam auch Ihr eigenes Bedürfnis nach Glauben und Vertrauen und danach, wieder wie ein Kind sein zu dürfen. In unserer Zeit besteht ein großer Bedarf nach einer ständigen Erinnerung an das Wunder des Lebens und an die Notwendigkeit, jeden neuen Tag als eine Entdeckungsreise dankbar zu begrüßen.

Das Stachelschwein saß schweigend vor einem hohlen Holzklotz. Es fragte sich, ob es wohl ein Spielhaus war, das die Natur ganz für es allein extra gemacht hatte. – Es könnte auch draufklettern und dann von einer Seite auf die andere rollen. Es könnte hineinkriechen und schauen, ob es nicht ein paar saftige Würmer zum Abendessen gäbe. Gerade als das Stachelschwein darüber nachdachte, was wohl als nächstes zu tun sei, näherte sich der Bär. Der Bär war groß und schwarz und auf der Suche nach Honig. Oh, ein Spielgefährte für meinen Holzklotz, dachte es. »Hallo Bär,« schnurrte es zärtlich, »willst du mit mir und meinem Holzklotz spielen?«

Mürrisch schnaubte der Bär: »Stachelschwein, weißt du nicht, daß ich zu alt zum Spielen bin? Du bist mir im Weg. Ich suche Honig. Verschwinde.«

»Warum, Bär? Zum Spielen ist man nie zu alt,« antwortete das Stachelschwein. »Wenn du vergißt wie es war, als du ein Junges warst, dann wirst du so ungeduldig und mürrisch bleiben wie du jetzt gerade bist.«

Der Bär dachte darüber nach, was das Stachelschwein gesagt hatte. Vielleicht hatte es recht. Alle anderen Tiere rannten vor ihm davon, weil sie Angst hatten. Sogar die anderen Bären wandten sich ab, wenn er sie anbrummte. Aber dieses kleine Stachelschwein vertraute darauf, daß er es nicht fressen würde und bot ihm sogar seine Freundschaft an.

Der alte Bär blickte auf das Stachelschwein und spürte, daß sich in seinem Inneren etwas bewegte. Plötzlich erinnerte er sich an die Spiele, die er als Junges gespielt hatte. Freude stieg in ihm hoch.

»Kleines Stachelschwein, du hast mich daran erinnert, daß ich mich bei meiner Suche nach Starksein und nach Antworten im eigenen Kopf gefangen habe. Ich hatte plötzlich Angst, was wohl die andern von mir halten würden, wenn ich weniger mürrisch wäre. Ich fürchtete mich davor, daß sie mich weniger ernst nehmen könnten. Du hast mir gezeigt, daß ich als brummiger Einzelgänger niemanden eingeladen habe, sich mit mir abzugeben.

Vielen Dank. Ich möchte sehr gerne mit diesem Klotz spielen.«

Und auf diese Weise gewann der Bär seine Jugendhaftigkeit wieder und erlernte die Unschuld des Stachelschweins.

Mit der Wahl der Stachelschwein-Karte haben Sie sich selber auf sanfte Weise daran erinnert, daß Sie nicht Gefangener der Erwachsenen-Welt sein möchten mit deren Chaos aus Furcht, Geiz und Leid. Die Medizin, die in dieser Karte steckt, ist die Befreiung von Ernst und Strenge. Öffnen Sie Ihr Herz für die Dinge, die Ihnen als Kind Freude gemacht haben. Denken Sie an die Kostbarkeiten der Vorstellungswelt und an den Luxus, der im Spiel oder Spielzeug aus gefundenen Sachen lag. Halten Sie dem Geist der Lebendigkeit, der jedem nur zugute kommt, die Treue.

AUF DEM KOPF STEHENDES STACHELSCHWEIN

Indem Sie die Karte mit dem Stachelschwein verkehrt herum ziehen, warnen Sie sich selber gerade noch rechtzeitig, daß Sie das Spiel des Lebens nicht gewinnen können, wenn Sie es zu ernst nehmen. Sie mögen sich in einigen Bereichen Ihres Lebens so verletzt fühlen, daß Sie sich nicht trauen zu vertrauen. Vielleicht hat das Leben Ihnen kürzlich sehr hart zugesetzt? Wenn das so ist, dann ist es an der Zeit, daß Sie damit anfangen, diese Lektion freudig hinter sich zu bringen. Sind Sie bereit, sich selbst zu vertrauen? Wenn ja, dann schreiben Sie die Empfindungen auf, die Sie in dieser Situation, in der Sie sich befinden, haben. Wie können Sie mit Ihrem erwachsenen Selbst sich selbst – das Kind da drinnen – trösten, und diesem inneren Kind auch noch beibringen, von neuem zu glauben und zu vertrauen?

Das nicht geehrte Stachelschwein liegt mit seinem weichen Bauch nach oben, und die Stacheln stecken im Boden. In dieser Lage kann es sich nicht verteidigen. Es könnte sein, daß Sie sich geradezu zwingen, verletztbar zu sein, um wieder Hoffnung schöpfen zu können. Vielleicht sollten Sie sich auf den Rücken rollen und Ihren Bauch streicheln lassen. Sie würden mit dieser

Haltung zum Ausdruck bringen, daß Sie bereit sind, ein wenig Licht anzunehmen. Diese Karte zwingt Sie jedenfalls dazu, genau hinzuschauen, warum Sie nicht vertrauen.

Koyote . . .
Du Teufel!
Du hast mich wieder überlistet!

Ich muß sitzen und grübeln,
Warum Du das tatst.

13
Koyote

GAUNER

Es gibt Tausende von Mythen und Legenden über den Koyoten, den großen Trickkünstler. In manchen indianischen Traditionen ist der Koyote der »Medizin-Hund«. Wenn Sie diese Karte gezogen haben, können Sie sicher sein, daß irgendeine Art von Kraft zu Ihnen unterwegs ist – ob sie es mögen oder nicht. Ganz gleich, welche Kraft das ist, ob gut oder schlecht, Sie können gewiß sein, daß sie Sie zum Lachen bringt, auch wenn es weh tut. Sie können auch sicher sein, daß der Koyote Ihnen eine Lektion über Sie selbst erteilt.

Der Koyote hat viele magische Kräfte, aber sie arbeiten nicht immer zu seinen Gunsten. Seine eigenen Trickkünste überlisten ihn selbst. Er ist der Obergauner, der sich selbst begaunert. Niemand wundert sich mehr über das Ergebnis seiner Tricks, als der Koyote selbst. Er tappt in seine eigene Falle. Und trotzdem überlebt er irgendwie. Er wird geschlagen und gequetscht und lernt doch nicht aus der Erfahrung, sondern geht bald weiter, um noch größere Irrtümer zu begehen. Er kann die Schlacht verloren haben, aber er gibt sich nie geschlagen.

Der Koyote ist heilig. In den Verrücktheiten seiner Taten erkennen wir unsere eigenen Verrücktheiten. Während der Koyote von einem Desaster zum nächsten geht, verfeinert er die Kunst der Eigen-Sabotage zu höchster Perfektion. Niemand kann sich selbst oder andere blindlings mit mehr Grazie und Zwanglosigkeit hereinlegen als dieser heilige Trickkünstler. Manchmal nimmt der Koyote sich selber so ernst, daß er nicht erkennt, was auf der Hand liegt; z.B. daß eine Dampfwalze gerade dabei ist, ihn zu überrollen. Deshalb kann er es auch dann nicht glauben, wenn sie ihn schon erwischt hat. »War das wirklich eine Dampfwalze? Ich schau lieber noch einmal nach«, sagt er und schon wird er zum zweitenmal überrollt.

In der Medizin des Trickkünstlers ist der Humor der Weltgeschichte eingeschlossen. Alle Lebewesen, die dem Koyoten folgen oder eine starke Koyote-Medizin besitzen, unterliegen diesem kosmischen Scherz. Wer dazugehört, kann andere davon überzeugen, daß ein Skunk nach Rosen duftet. Die Wahrheit aber bleibt, daß es ein Skunk ist.

Mit den Nickerchen ist es vorbei, wenn Sie die Koyote-Karte gezogen haben. Geben Sie acht! Ihr Glashaus kann jeden Moment zusammenstürzen. Alle Ihre Selbstbespiegelungen zersplittern ins Nichts. Der göttliche Trickkünstler spürt Ihnen nach, und Sie könnten einen falschen Schritt machen. Der Koyote kratzt sich am Bauch. Er vollführt einen verrückten Tanz. Sein Schwanz fängt Feuer, während er mit Zündhölzern spielt. Um sich zu retten, springt er in den Fischteich, wo er fast untergeht. Der Koyote will eine Statue aus Beton verführen. Der Koyote glaubt, einen Knochen gefunden zu haben, aber es ist eine Klapperschlange. Alle schauen der Komödie zu. Der Koyote sind Sie, ich, Sprengladungen, Flugzeuge, in denen die Klos nicht zu benützen sind, »blind dates« und all die komischen und verrückten Dinge, die wir auf unserem Lebensweg kennenlernen. Bereiten Sie sich auf mehr von der Sorte vor – viel mehr.

Gehen Sie gleich unter die Oberfläche Ihrer Erfahrungen. Fragen Sie sich, was Sie wirklich tun und warum Sie es tun. Ist der Koyote Ihre Medizin? Machen Sie sich selbst zum Clown? Versuchen Sie, einen Gegner hereinzulegen? Versucht jemand, Sie auszutricksen? Wollen Sie gerade dem Büro-Gecken die Telephonnummer der wunderschönen neuen Sekretärin geben? Oder haben Sie vor, Ihrem besten Freund einen bösen Streich zu spielen? Wann haben Sie zuletzt etwas nur deshalb getan, weil es verrückt war oder Spaß gemacht hat?

Möglicherweise sind Sie sich über den Verlauf Ihrer eigenen Verrücktheiten gar nicht im Klaren. Es kann sein, daß Sie sich selber, Ihre Familie, Ihre Freunde und sogar die Öffentlichkeit im großen und ganzen auf geschickte Weise im Glauben belassen haben, daß Sie wissen, was Sie tun. Aber hören Sie gut zu, Koyote, Sie sind in Ihre eigenen Machenschaften verwickelt. Sie haben einen verwirrenden, irreführenden *Trick* vorgeführt. Heben Sie die Tassen mit dem doppelten Boden auf und legen Sie sie zurück in die Trickkiste. Durchschauen Sie selber den genialen Selbstbetrug. Verstehen Sie die Komik und lachen Sie. Lachen Sie, Trickkünstler!

Wenn Sie nicht über sich selber und über Ihre verrückten Possen lachen können, haben Sie das Spiel verloren. Der Koyote kommt immer, wenn die Dinge zu ernst genommen werden. Die Medizin ist dann Lachen und Witzeln, damit man die Sachen aus einer neuen Perspektive betrachten kann.

Wenn Sie Koyote-Kraft haben, dann können Sie sie dazu benützen, alten, verstaubten oder wunderlichen Menschen ein Lächeln abzugewinnen, bei einer Geselligkeit die Stimmung aufzulockern oder mit Leichtigkeit eine »tödlich ernste« Unterhaltung aufzulösen. Die Sabotage neugieriger Fragen über das persönliche Leben hat auch eine positive Seite. So können Sie einem Klatschmaul sagen, daß Sie gerade in Ihrem neuen Jet aus St. Tropez zurückgekommen sind.

AUF DEM KOPF STEHENDER KOYOTE

Wenn der Koyote verkehrt herum erscheint, dann ist das ein sicheres Zeichen dafür, daß er gegen Sie arbeitet und Leid bevorsteht. Schauen Sie sich um und beobachten Sie die Richtung, aus der er kommt. Wenn er von außen kommt, nehmen Sie sich in acht vor diesem Meister der Gaukelei. Der Koyote könnte Sie in Ihren Bann ziehen und Sie zum Beeren-Suchen in die Heide mitnehmen wollen. Wenn Sie ihm folgen, wird es eine schmerzhafte Lektion für Sie sein. Der auf dem Kopf stehende Koyote kann in Ihr Leben treten als ein Lehrer, der so tut als wüßte er alles, ein

Hochstapler, einer der für Sie plant, wie Sie schnell reich werden, ein ausgefuchster Verkäufer, eine »Femme fatale«, ein Film-Produzent ein Fernseh-Evangelist, ein auf Sumpfland spezialisierter Grundstücksverkäufer, ein Politiker oder irgend jemand, der Sie in seine Gefolgschaft nehmen will. Der Koyote ist weder als Geschäftspartner noch als Geliebte(r) zu empfehlen.

Der umgekehrte Koyote signalisiert eine Zeit, in der alles, was Sie anfassen, auf Sie zurückschlägt. Jeder Witz explodiert, kaum daß Sie ihn ausgesprochen haben. In dieser Zeit sollte man den Plänen der anderen mit etwas mehr Vorsicht begegnen, aber auch darauf achten, daß der Bumerang, den man auf jemanden geworfen hat, nicht plötzlich zurückkommt und Sie von hinten trifft. Was auch immer der Koyote auf dem Kopf stehend zusammenbraut, es ist immer wild und kann aus jeder Richtung kommen.

Hund . . .
Du bist so edel
Bis zum bitteren Ende.

Du lehrst uns,
Wahre und treue Freunde zu sein.

14
Hund

LOYALITÄT

Die Indianerstämme des Südwestens und der Prärie hatten alle Hunde. Diese edlen Tiere gaben Warnsignale ab, wenn irgendeine Gefahr sich näherte. Sie halfen bei der Jagd, und in den langen kalten Winternächten teilten sie noch Ihre Wärme mit den Menschen. Die Tiere der frühen Indianer stammten aus vielen Hunderassen und waren meist halb wild. Diese Wildheit stellte aber nie ihre tief innewohnende Loyalität zu ihren Besitzern in Frage.

In der ganzen Geschichte gilt der Hund als Diener des Menschen. Wenn jemand die Kraft des Hundes in sich hat, dann hat diese Person meistens irgendeine dienende Funktion. Hierunter fällt der Sozialarbeiter ebenso wie der Philanthrop, die Krankenschwester, Menschen in beratenden Berufen, Geistliche und Soldaten.

Der Hund war der Diener-Krieger, der die Hütten des Stammes vor unerwarteten Überfällen bewahrte. Die Kraft des Hundes enthält die liebende Freundlichkeit des besten Freundes, aber auch die halb wilde *Beschützer-Energie* der territorialen Imperative. Der Hund ist Wächter wie Anubis, der Schakal-Hund, der in Ägypten als Beschützer verehrt wurde. Der Hund war der Wächter der Hölle, der Hüter alter Geheimnisse, verborgener Schätze und auch von Babies, deren Mütter gerade kochten oder auf dem Feld arbeiteten. Der Hund weiß seine Gaben und das Vertrauen, das in ihn gesetzt wird, loyal zu schätzen.

Wenn Sie die Kraft des Hundes verstehen lernen wollen, dann finden Sie vielleicht einige zärtliche Erinnerungen an Hunde, die Sie besaßen oder geliebt haben. Der Hund sagt, daß Sie tief in Ihr

Verständnis von Dienst an anderen hineinblicken sollten. Hunde sind Dienst-orientierte Tiere, und sie sind Ihren Beitzern mit einer Loyalität verbunden, die unabhängig davon ist, wie sie behandelt werden.

Ob der Hund angebrüllt oder getätschelt worden ist, immer erwidert er es mit Liebe. Der Grund dafür liegt nicht in seiner Dummheit, sondern in einem tiefen, mitleidsvollen Verständnis für die menschlichen Schwächen. Es ist, als säße im Herzen eines jeden Hundes ein guter Geist, der nur darauf wartet, seine Hilfe bringen zu können.

Es gibt auch Hunde, denen man diese Loyalität herausgeprügelt hat. Sie kauern ängstlich in einer Ecke und fangen beim kleinsten Unmutszeichen zu winseln an. Aber das ist nicht ihre Natur. Manche Rassen sind sogar darauf gezüchtet und trainiert, brutal und gemein zu sein. Aus der Haltung der Dienstbereitschaft heraus haben sie sich die angriffsorientierte Haltung ihrer Besitzer angeeignet. Wenn sie von ihren Herren anerkannt werden wollen, müssen sie ihr genetisches Gedächtnis von dem, was Dienst heißt, verändern.

Die Kraft des Hundes verlangt, daß Sie bei sich nachforschen, inwieweit Ihr Sinn für Loyalität jederzeit von Ihrem Bedürfnis nach Bestätigung widerrufen werden kann. Wenn Sie diese Karte haben, gibt es ein paar Fragen, die Sie sich stellen sollten, entsprechend der Situation, in der Sie Rat suchen.

1. Habe ich vergessen, daß ich der Wahrhaftigkeit meiner Person die Treue schulde?
2. Ist es denkbar, daß das Geschwätz oder die Meinungen irgendwelcher Leute meiner Loyalität zu einem Freund oder einer Gruppe Abbruch getan haben?
3. Habe ich jemanden unbeachtet gelassen oder abgewiesen, der versucht hat, mir ein loyaler Freund zu sein?
4. War ich meinen eigenen Zielen gegenüber loyal und wahrhaftig?

AUF DEM KOPF STEHENDER HUND

Wenn die Karte verkehrt herum liegt, dann will der Hund vielleicht sagen, daß Sie durch den Umgang, den Sie haben, überkritisch und gehässig geworden sind. Es könnte aber auch heißen, daß Sie sich nicht weiterhin ängstlich wegducken sollten, sondern die Feinde Ihres Selbstbewußtseins mutig angreifen. Den Schlüssel dazu könnte die Erkenntnis geben, daß es sich dabei nicht um äußere Feinde handelt, sondern um Gedankenbilder in Ihrem eigenen Kopf, die Ihnen den Eindruck vermitteln, Sie seien der Loyalität nicht wert – weder Ihrer eigenen, noch der von anderen. Versuchen Sie, das Muster der mangelnden Loyalität in Ihrem Leben zu durchschauen. Verbreiten Sie z.B. Klatsch oder wehren Sie sich nicht dagegen, wenn Gerüchte verbreitet werden? Machen Sie Witze auf Kosten anderer? Weigern Sie sich dagegen, Freundlichkeiten zu erwidern?

Dies alles sind Zeichen von Angst, einer Angst, die hauptsächlich bei Menschen, den zweibeinigen Geschöpfen, vorkommt: Angst, nicht dazuzugehören oder nicht anerkannt zu sein. Gewinnen Sie die Kraft der Loyalität zu sich selbst und zu den Wahrheiten, die Sie in sich selber haben. Werden Sie wie der Hund – Ihr eigener bester Freund.

Wolf . . .
Lehrer,
Wegbereiter,
Mond-Hund meiner Seele.

Heulend und
Singend,
Wissen lehrend.

15
Wolf

LEHRER

Der Wolf ist der Pfadfinder, der Vorläufer mit den neuen Ideen, der zum Clan zurückkommt, um zu lehren und seine Medizin zu teilen. Der Wolf nimmt einen Lebensgefährten und ist loyal wie der Hund. Wenn Sie mit Wölfen lebten, würden Sie einen enormen Familiensinn im Rudel bemerken, aber auch einen großen Drang nach individueller Betätigung. Diese Eigenschaften verbinden den Wolf sehr mit den Menschen. Auch wir sind sehr stark in der Gesellschaft verankert, aber jeder hat seine eigenen Träume und Vorstellungen.

Im 'Großen Volk der Sterne' wird der Wolf vom Hund-Stern Sirius vertreten. Sirius ist nach der Legende die ursprüngliche Heimat unserer Lehrer aus alter Zeit. Die alten Ägypter glaubten, daß die Götter auf Sirius wohnten, und für den Stamm der Dogans in Afrika ist das noch heute so. Es liegt nahe, daß die indianischen Völker die gleiche Verbindung hergestellt haben und die Wolf-Menschen zu ihrem Lehrer-Clan gemacht haben.

Die Sinne des Wolfs sind sehr scharf, und der Mond ist der Verbündete ihrer Kraft. Der Mond ist das Symbol für psychische Energie oder das Unbewußte, in dem die Geheimnisse des Wissens und der Weisheit liegen. Wenn der Wolf den Mond anbellt, kann das ein Zeichen dafür sein, daß er sich an neue Gedanken anschließen will, die gerade noch unter der Oberfläche des Bewußtseins sind. Die Wolf-Medizin gibt dem Lehrer in uns die Kraft, herauszutreten und allen Kindern dieser Erde zu helfen, das Große Geheimnis und das Leben zu verstehen.

Wenn Sie die Wolfs-Karte gezogen haben, dann könnten Sie fähig sein, Ihre persönliche Kraft anderen mitzugeben. Ihre intuitive Seite könnte auch für Sie selber eine Antwort oder eine Lehre bereit haben. Während Sie das Gefühl haben, daß der Wolf in Ihnen lebendig wird, möchten Sie Ihr Wissen mitteilen, indem Sie schreiben oder unterrichten und zwar Dinge, die anderen helfen, ihren ganz einzigartigen Weg zu finden. Das Menschheitsbewußtsein erreicht neue Höhen, wenn die Menschen die großen Wahrheiten miteinander teilen. Der Wolf sagt Ihnen möglicherweise aber auch, daß Sie einen einsamen Platz aufsuchen sollten, wo Sie dem inneren Lehrer begegnen können. In der Einsamkeit eines energiegeladenen Ortes können Sie, fern von allen anderen Menschen, ihrem eigenen wahren Selbst begegnen. Halten Sie nach Belehrung Ausschau, wo immer Sie sind. Der Wolf kommt nur, wenn Sie den größten Lehrer des Stammes bitten, zu erscheinen.

AUF DEM KOPF STEHENDER WOLF

Der umgekehrte Wolf verlangt von Ihnen, daß Sie Ihre gegenwärtige Situation nicht so eng sehen und den Blick weiten. Das könnte viel Mut erfordern und die Bereitschaft, neue Gedanken aufzunehmen. Es könnte auch nötig sein, alte Gedanken beiseite zu legen, damit Platz entsteht für die Ausdehnungsfreude, die mit neuem Lernen einhergeht. Das Geschenk der Weisheit kommt zu Ihnen, wenn Sie genügend viele Wege entlang gewandert sind, genügend viele, wo es nicht weiterging, so daß Sie den Wald jetzt wirklich kennen. In der Entdeckung und Wiederentdeckung von jedem Stückchen Erde wächst die Erkenntnis, daß nichts jemals gleich bleibt.

Der auf dem Kopf stehende Wolf könnte Ihnen auch sagen wollen, daß der Fluß der Veränderung in Ihrem Leben im Sumpf der Stagnation oder in der Angst, Stellung zu beziehen, versumpft. Dringend legt er Ihnen nahe, doch endlich die Lehrer und Pfadfinder zu suchen, die Ihnen den Weg zu neuen Lebenserfahrungen zeigen. Denken Sie daran, daß der Lehrer oder Pfadfinder ebensogut die zarte Stimme in Ihnen sein kann als auch eine Person, ein Blatt, eine Wolke, ein Baum, ein Buch oder der Große Geist.

Leben ist wachsen und wachsen geschieht dadurch, daß man alle Lebensformen als Lehrer anerkennt. Werden Sie Wolf, halten Sie den Abenteuersinn hoch. Vielleicht hören Sie auf zu heulen und lernen, Mond zu werden.

Rabe . . .
Schwarz wie Pech,
Mystisch wie der Mond.

Erzähle mir von Magie,
Bald fliege ich mit Dir.

16
Rabe

MAGIE

In allen Zeiten hat der Rabe die Kraft der Magie besessen, und zwar in vielen unterschiedlichen Kulturen auf der ganzen Welt. Es ist im Sinne der indianischen Medizin, wenn man dem Raben als Träger der Magie ehrerbietig gegenübertritt. Wenn seine Magie schlechte Medizin ist, dann kann sein Überbringer nur aus Furcht geehrt werden und weniger aus Achtung. Diejenigen, die den Raben fürchten, haben vielleicht in Bereichen herumgepfuscht, von denen sie keine Ahnung hatten, und möglicherweise ist ein Zauberspruch auf sie zurückgefallen. Anstatt die dunklen Seiten der Hexerei zu analysieren, sollten Sie sich klar machen, daß Sie den Raben nur dann fürchten müssen, wenn Sie etwas über Ihre tiefsten Ängste und selbstgemachten Dämonen lernen müssen.

Der Raben-Zauber ist eine machtvolle Medizin, die Ihnen den Mut verleihen kann, die Dunkelheit der Leere zu betreten, dem Zuhause von allem, was noch keine Form hat. Die Leere wird auch Großes Geheimnis genannt. Das Große Geheimnis gab es schon, bevor es irgendetwas auf der Welt gab. Der Große Geist lebt in der Leere, er stieg aus dem Großen Geheimnis empor. Der Rabe ist der Botschafter der Leere.

Wenn der Rabe in Ihren Karten auftaucht, sind Sie dabei, eine Bewußtseinsveränderung durchzumachen. Das könnte beinhalten, daß Sie auf einem anderen Weg am Rande der Zeit in das Große Geheimnis hineinwandern sollen. Der Rabe könnte signalisieren: »Sie haben es verdient, ein wenig mehr von der Magie des Lebens zu sehen und zu erfahren«. Die Farbe des Raben ist die Farbe der Leere, das schwarze Loch im Raum, das die gesamte Energie der Quelle der Schöpfung in sich hält.

In der indianischen Tradition werden viele Dinge als schwarz bezeichnet, aber nicht das Böse. Die Suche nach Antworten kann schwarz sein, die Leere, der geistige oder nicht-körperliche Weg. Das Blau-Schwarz des Raben hat ein Schillern, das von der Magie der Dunkelheit spricht, und es hat eine Fähigkeit, Form und Farbe zu verändern, so daß man beim Hinschauen zu höherem Bewußtsein erwacht.

Der Rabe ist der Hüter der zeremoniellen Magie und kann in Abwesenheit heilen. In jedem Heilkreis ist der Rabe anwesend. Der Rabe lenkt den Heilzauber und die Bewußtseinsveränderung, die eine neue Wirklichkeit schafft und die Krankheit vertreibt. Der Rabe bringt den neuen Zustand des Wohlbefindens aus der Leere des Großen Geheimnisses und von dem Feld der Fülle.

Der Rabe ist der Botschafter, der alle Energieflüsse der zeremoniellen Magie zwischen dem Ort der Zeremonie und dem Ort, auf den sich die Zeremonie richtet, hin- und herträgt. Wenn z.B. eine Zeremonie den Zweck hat, Leuten in einem Katastrophengebiet Mut zu machen, dann bringt der Rabe den Energiestrom dorthin. Der Sinn könnte darin liegen, daß die Leute in der von der Zerstörung betroffenen Gegend die Sorge und die Unterstützung der an der Zeremonie beteiligten Menschen spüren.

Wenn Sie den Raben gewählt haben, ist Zauberei in der Luft. Versuchen Sie nicht herauszufinden, was es ist, es wird nicht gelingen. Die Kraft des Unbekannten ist am Werk, und es wird sich etwas Besonderes ereignen. Aber das tiefere Geheimnis liegt darin, wie Sie auf den Funken der Gleichzeitigkeit, auf diesen alchimistischen Augenblick reagieren werden. Werden Sie ihn wahrnehmen und für Ihr künftiges Wachstum nutzen? Können Sie ihn als Geschenk des Großen Geistes annehmen? Oder werden Sie die Kraft des Großen Geheimnisses begrenzen, indem Sie sie als nicht vorhanden erklären?

Es könnte an der Zeit sein, den Raben als Kurier herbeizurufen, für irgendeine Idee, eine Heilenergie, einen Gedanken oder eine Botschaft. Der Rabe ist der Schutzherr der Rauchsignale oder geistigen Botschaften, sofern sie durch Rauchzeichen wiedergegeben werden. Wenn Sie also auf der Blauen Straße des Geistes eine Botschaft schicken wollen, um die Vorfahren zu kontaktieren, dann rufen Sie den Raben. Oder, wer weiß, vielleicht wollen die Vorfahren mit Ihnen Kontakt aufnehmen.

Denken Sie daran, daß dieser magische Augenblick aus der Leere der Dunkelheit kam, und die Herausforderung an Sie besteht darin, ihn ans Licht zu bringen. Indem Sie das tun, erweisen Sie dem inneren Magier die Ehre.

AUF DEM KOPF STEHENDER RABE

Der auf dem Kopf stehende Rabe ist nichts, das man leicht nehmen dürfte. Es kann bedeuten, daß der Bumerang auf dem Rückweg ist. Wenn Sie jemand anderem Leid gewünscht haben, geben Sie acht – Sie haben dieses Leid als Lehrmeister für sich selbst gewollt. Wenn Sie gar niemandem Übles wünschen, kann der umgekehrte Rabe Sie warnen wollen, nicht in eine andere Bewußtseinsebene zu wechseln, bevor Sie die jetzige ganz meistern, weil Sie die Voraussetzungen für die andere Ebene noch nicht haben. Auf wieder einer anderen Ebene könnte der Rabe sagen wollen, daß Sie die Magie des Lebens vergessen haben und in einen sehr weltlichen Trott verfallen sind. Wenn dieser Trott Ihnen gerade recht ist und Sie den besonderen Zauber Ihres Lebens gar nicht erfahren wollen, bitten Sie den Raben, durch Ihre Träume zu fliegen und Ihnen einen Geschmack von seiner Kraft zu geben. Wenn Sie das tun, sind Sie danach möglicherweise wie ausgewechselt.

Ein umgekehrter Rabe kann auch eine Vorahnung von einer Zeit nebelhafter, verwirrter Botschaften sein, die Sie weder hören noch sehen, weil Ihr Verstand daran festhält, daß Magie nicht wirklich ist. Wenn Sie es sich nicht vorstellen oder wenigstens so tun können, als ob Sie an Magie und Wunder glaubten, dann kann keine Heilung stattfinden. Der Rabe klopft mit seinem Schnabel an der Tür zu Ihrem Bewußtsein, aber Sie werden nicht aufmachen, bevor sich der Nebel verzogen hat. Erst dann können Sie die anderen Bereiche der Vorstellung und des Bewußtseins suchen, in denen die Magie zuhause ist.

Wenn Sie den auf dem Kopf stehenden Raben in die richtige Stellung bringen wollen, dann brauchen Sie wahrscheinlich die Hilfe eines gut ausgebildeten Schamanen, um das Energiefeld, das Sie geschaffen haben, zu reinigen. Es könnte sein, daß Sie irgendeine negative Energie, die von jemand anderem auf Sie gerichtet wird, abblocken müssen oder daß Sie das Unheil wieder gutmachen müssen, das Sie anderen gewünscht haben. Halten Sie Ihr Energiefeld sauber! Das ist die Botschaft, wenn die Magie in den Bereich des Nebeligen und Schattigen abgleitet. Suchen Sie Heilung und Reinheit in Ihren Absichten. Dann können Sie nach den Sternen greifen und werden trotzdem der Mutter Erde und allen Lebewesen den nötigen Respekt entgegenbringen. Machen Sie sich voll mit dem Zauber, lebendig zu sein und rufen Sie den Raben, damit er Ihnen den richtigen Umgang mit Energie zeigt. Wenden Sie diese Energie an, damit der Zauber sich einstellt. Tun Sie das mit Liebe und Einfachheit. Der Rabe wird Ihnen seine magische Wahrheit offenbaren: begeben Sie sich niemals jenseits dessen, wofür Sie sich vorbereitet haben und wozu Sie ausgebildet sind. Das Leben ist wundervoll. Nützen Sie deshalb auch die Magie, um der Familie aller Lebewesen zu helfen.

Berglöwe . . .
Königlicher Führer
Geschmeidig, katzengleich.

Berühre mein Herz mit Mut
Dann schlage Alarm.

Mit Weitsicht will ich wagen,
Gewißheit hell und wahr,
Den Geist der Stärke tragen,
Den ich in Dir erfahr.

17
Berglöwe

FÜHRUNG

Der Berglöwe kann sich als ein sehr schwieriges Macht-Totem erweisen, weil es Sie in die Lage versetzt, zum Sündenbock zu werden. Sie können für Dinge verantwortlich gemacht werden, die falsch laufen oder dafür, daß sie immer einspringen, wenn andere nicht können. Sie könnten zum perfekten Alibi für die Unsicherheiten der anderen werden.

Die Kraft des Berglöwen enthält Lektionen über die Macht, die im Führen liegt. Die Kraft des Berglöwen liegt in der Begabung zu führen, ohne daß daraus für die anderen ein Zwang zu folgen entsteht. Sie geht davon aus, daß alle Wesen potentiell und auf ihre Weise Führer sind. Die Nutzung und der Mißbrauch von Macht in einer einflußreichen Position sind auch Aspekte der Medizin dieser großartigen Katze. Wenn Sie den graziösen Gang des Berglöwen beobachten, dann lernen Sie, wie man Macht, Absicht, physische Stärke und Grazie im Gleichgewicht hält. Auf den Menschen übertragen ist das die Balance zwischen Körper, Verstand und Geist. Die riesige Katze verschwendet niemals etwas. Sie tötet nur, was sie für ihr Überleben braucht. Die Löwin ist der Jäger. Sie schmückt ihren Tisch im Stil mütterlicher Energie.

Wenn der Berglöwe in Träumen zu Ihnen gekommen ist, dann ist es Zeit, daß Sie zu Ihren Überzeugungen stehen und sich selbst dort hinführen, wo Ihr Herz Sie hinleitet. Vielleicht sind andere da, die Ihnen folgen, so daß sich das gewonnene Wissen vervielfältigt. Wenn Sie die Berglöwe-Karte gezogen haben, sind Sie möglichweise aufgefordert, die Zielrichtung Ihrer persönlichen Absichten etwas genauer unter die Lupe zu nehmen. Sie entdecken vielleicht, daß Sie Vorstellungen haben, in denen ein Rudel Löwenjunge gerne so wäre wie Sie oder doch Ihre Träume mit ihnen teilte. Wenn Sie schon länger führen, dann fragt sich, ob Sie die Jungen nicht endlich aus der Höhle hinausbefördern sollten. Wenn Sie mit der Kraft des Berglöwen verbunden sind, gelten Sie als »König der Berge« und dürfen niemals menschlich oder verletzlich sein. Das hat viele Nachteile, aber auch sehr viele Vorteile.

Wenn Sie die Machtstellung des Berglöwen halten wollen, müssen Sie immer den Frieden aufrecht erhalten. Aber Sie stellen niemals alle zufrieden, außer Sie lügen sich selbst an oder andere. Das ist Teil der menschlichen Natur. Deshalb ist die erste Anforderung an das Führen, niemals die Unwahrheit zu sagen. Erkennen und leben Sie das und Ihr gutes Beispiel wird bis zum kleinsten Löwenjungen durchsickern. Verantwortung ist im wörtlichsten Sinne die Fähigkeit, auf jede Situation eine Antwort zu finden. In dieser heiligen Medizin hat Panik keinen Platz.

AUF DEM KOPF STEHENDER BERGLÖWE

Wenn Ihre Berglöwe-Karte verkehrt herum liegt, kann es sein, daß Sie mit dem Feuer spielen. Ein Führer, der tyrannisch oder als Diktator zu führen versucht, hat die Kraft der Wahrheit vergessen. Durch die Umkehrung dieser Medizin glauben Sie irrigerweise, daß nichts anderes Gültigkeit hat als die Ideen, die Sie selbst in die Welt gesetzt haben. Geben Sie acht! Rom ist aus eben diesem Grund in sich zusammengefallen. Wenn dieser Aspekt der Umkehrung der Medizin auf Ihre Situation nicht zutrifft, erwägen Sie andere Botschaften, die der Berglöwe Ihnen in dieser umgekehrten Position übermitteln will.

Wenn Sie es vermeiden, Führung zu übernehmen, kann es deshalb sein, weil die ganze Sache Ihnen wahnsinnige Angst macht. Das ist ganz normal für jemanden, der vorher niemals irgendwelche Führungsaufgaben zu übernehmen hatte. In diesem

Fall rufen Sie den Mut des Löwen an und fangen an, die Lektionen des »Löwenbeherzten« zu lernen.

Eine andere Lehre, die aus dem umgekehrten Berglöwen zu ziehen wäre ist die, daß Sie sich nicht von einem Führer, der seine Macht mißbraucht, unter die Erde führen lassen sollen. Wenn Sie sich auf den Pfad begeben wollen, wo Sie aus eigenem Recht zum Führer werden, dann müssen Sie allen, denen Sie Autorität zugestehen, Fragen stellen. Achten Sie darauf, ob sie die Kraft des Berglöwen haben und ob Sie selber in Ihr eigenes Führer-Sein hineinwachsen, indem Sie jenen zuschauen, wie sie beispielhaft leben.

Werden Sie ein Berglöwe, indem Sie verweigern, sich in der Höhle Ihrer eigenen Scheu und Unsicherheit zu verbergen. Brüllen Sie mit Überzeugung, brüllen Sie mit Macht und vergessen Sie nicht, brüllend zu lachen, um die Medizin im Gleichgewicht zu halten.

Luchs . . .
Alle Geheimnisse kennst Du,
Über Traumzeit und Magie,
Aber Du schweigst.

Damit ich lerne, die Zunge zu zügeln,
Beobachten, still wie die Sphinx,
Mächtig, doch schweigend.

18
Luchs

GEHEIMNISSE

Wenn Sie ein Geheimnis aufklären wollen, so sagt man, müssen Sie die Luchs-Medizin befragen. Leider ist es sehr schwer, den verschwiegenen Luchs zum Sprechen zu bringen. Wenn Sie mit der sehr mächtigen Luchs-Medizin konfrontiert sind, heißt das, daß es etwas in Ihnen selbst oder bei anderen gibt, was Sie nicht wissen.

Der Luchs bewahrt die Geheimnisse vergessener magischer Systeme und okkulten Wissens. Er bewegt sich frei durch Zeit und Raum und geht in das Große Schweigen, wenn es gilt, ein Mysterium zu enträtseln. Der Luchs ist nicht der Hüter, sondern der Kenner der Geheimnisse. Schwierig ist nur, wie man den Luchs dazu bringt, daß er einen einweiht. Eher würde er einen Vogel jagen oder Sand in Ihr Gesicht spritzen, als in verfügbarer Nähe Kreise um Sie herum zu ziehen.

Die Kraft des Luchses ist eine ganz besondere Art von Hellsichtigkeit. Wenn diese in Ihnen stark angelegt ist, dann sehen Sie Bilder von Leuten und von Sachen, die Sie entweder vor sich selbst oder vor anderen Menschen versteckt haben. Sie sehen Ihre Ängste, Ihre Lügen und Ihren Selbstbetrug. Sie sehen auch, wo der Schatz ist, den Sie versteckt haben, sofern Sie einen versteckt haben. Niemals würden Sie über diese Offenbarungen sprechen – Sie wissen einfach um diese Dinge.

Die einzige Art und Weise, wie Sie einem Menschen mit Luchs-Medizin Auskünfte über sich selbst (falls Sie vergessen haben, wo Sie Ihren Schatz verborgen haben) »abluchsen« können, ist dadurch, daß Sie die Tradition, aus der heraus er oder sie handelt, voll respektieren. Wenn Sie zu einem Zigeuner mit Luchs-Medizin gehen, erweisen Sie ihm oder ihr Respekt dadurch, daß Sie nach dem Lesen mit Geld *bezahlen.* Wenn Sie zu einer Medizin-Person aus dem Stamm der Choktaw gehen, dann wird diese Sie entweder an den Bauch fassen oder sonst eine der traditionellen Methoden anwenden. Im Austausch für die ausgeübte Medizin werden dann etwas Tabak und eine Decke erwartet. Diese Vorgehensweise ist als das »Gesetz der Luchs-Leute« bekannt und wird unter anderem bei den alten Völkern Amerikas, den Zigeunern, den Sufis und wurden früher in der ägyptischen Kultur angewendet.

Wenn Sie die Luchs-Karte gezogen haben, können Sie sicher sein, daß »Geheimnisse« in der Luft liegen. Wenn es Ihre persönliche Kraft ist, sollten Sie auf Ihr besseres Selbst hören. Seien Sie still und achten Sie auf Offenbarungen, die entweder die Form von Bildern in Ihrem Kopf oder von hohen, singenden Stimmen in Ihrem inneren Ohr erhalten. Vielleicht kommt die Information auch in Form von Omen. Sie können sicher sein, daß Mutter Erde Ihnen etwas signalisieren wird – auf irgendeine Weise.

Wenn der Luchs an Ihrer Tür ist, hören Sie gut zu. Bruder oder Schwester Luchs können Ihnen Dinge über Sie selbst und über Ihre ganz persönliche Macht beibringen, die Sie vergessen haben. Der Luchs kann Sie zu verlorenen Schätzen führen und mit vergessener Brüderlichkeit und Schwesterlichkeit zusammenbringen.

Manche Medizin-Männer und -Frauen glauben, daß die Sphinx im alten Ägypten nicht einen Löwen, sondern einen Luchs darstellte. Viel sagt dieser Luchs nicht. Mit seinem rätselhaften Lächeln blickt die große Katze über den Sand – für immer.

AUF DEM KOPF STEHENDER LUCHS

Wenn der Luchs in umgekehrter Position erscheint, dann wird es Zeit, daß Sie Ihr großes Maul halten. Irgendetwas an Ihrem Gewäsch hat die Katze »aus dem Sack gelassen«. Ziehen Sie ein heiliges Vertrauen in den Dreck? Haben Sie vielleicht ein Versprechen gebrochen, das Sie einem Freund gaben? Wenn nicht, dann haben Sie sich vielleicht selber damit sauber hereingelegt, daß Sie dem Freund eines Konkurrenten Ihre neuesten Ideen vorgequatscht haben. Hüten Sie Ihre Zunge, meiden Sie jedes Geschwätz, auch darüber, wie romantisch Ihr letztes Abenteuer war. Achten Sie scharf darauf, ob Sie in Ihrer gegenwärtigen Situation überhaupt in der Lage sind zuzuhören und an den Geschichten und Ideen anderer wirklich interessiert zu sein? Auf dieser Ebene ermahnt der Luchs Sie, sich als vertrauenswürdig zu erweisen. Die Geheimnisse werden Ihnen dann zugänglich werden. Erwägen Sie, sich dafür zu entscheiden, daß Sie Ihr Hirn unter Kontrolle haben, bevor Sie mit dem Schwätzen anfangen, denn sonst werden Ihre Füße einmal Ihre Zunge ersetzen müssen. Das ist das »Alleswisser«-Syndrom. Auch gut. Wenn Sie reden wollen, dann nähen Sie nur Ihre Ohren zu, denn schließlich läßt vieles Reden keinen Raum für Zuhören oder Lernen. Der Luchs ist ein eiserner Lehrer, und wenn Sie die Katze schon aus dem Sack gelassen haben, dann bereiten Sie sich besser auf die Folgen vor.

Werden Sie ein Luchs und tragen Sie das Mona Lisa-Lächeln. Niemand außer Ihnen selbst wird wissen, warum Sie lächeln. Die Katze wird Ihre Zunge nicht bekommen – Sie selber werden sie behalten und auch die Macht über sie.

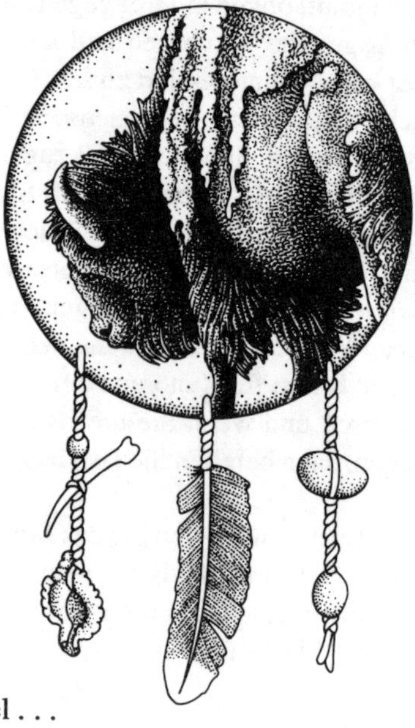

Büffel . . .
Du bringst uns
Die Geschenke des Lebens.

Höre unsere Gebete,
Rauch steigt auf.

Wie Phönix werden wir wiedergeboren
In den heiligen Worten.

19
Büffel

GEBET UND ÜBERFLUSS

In der Tradition der Lakota hat die Weiße-Büffelkalb-Frau den Leuten die Pfeife gebracht und sie zu beten gelehrt. Der Kopf der Pfeife war der Behälter, in dem der Tabak war, ein Kraut aus weiblicher und männlicher Medizin. Der Pfeifenstiel war der männliche Penis, der die Frau mit seinem Samen befruchtet. In der Vereinigung von Mann und Frau entstand die Verbindung zu der Energie des göttlichen Geistes. Wenn die Pfeife mit Tabak gestopft wurde, war jede einzelne Familie der Natur aufgerufen, in die Pfeife mit hineinzukommen und ihre Medizin zu teilen: als Gebet und Lob des Himmels. Der Rauch galt als sichtbares Gebet und war sehr heilig und sehr reinigend.

Alle Tiere sind heilig, aber in vielen Traditionen ist der Weiße Büffel am heiligsten. Wenn der Weiße Büffel erscheint, ist das ein Zeichen, daß die Gebete erhört wurden, daß die heilige Pfeife Aufnahme gefunden hat und daß die Versprechungen aus den Prophezeiungen in Erfüllung gehen. Der Weiße Büffel kündigt die Zeit der Fülle und des Überflusses an.

Für die Prärie-Indianer war der Büffel die wichtigste Lebensgrundlage. Er gab Fleisch für die Ernährung, Fell für die Bekleidung, warme, weiche Umhänge für die kalten Winter, und aus den Hufen wurde Leim gekocht. Die Büffel-Medizin ist Gebet, Dankbarkeit und Lob für alles, was man erhalten hatte. Die Büffel-Medizin ist auch das Wissen, daß alles im Überfluß vorhanden ist, sofern alle Beziehungen als heilig geachtet werden und jedem einzelnen Teil der lebendigen Schöpfung mit Dankbarkeit begegnet wird.

Der Büffel wünschte schon immer, die Gaben, die sein Körper

enthielt, zu verschenken und immer zeigte er die Bereitschaft, auf Erden dem höchsten Zweck zu dienen, bevor er in die ewigen Jagdgründe des Geistes eingehen würde. Deshalb hat der Büffel nie mit seiner ganzen Macht versucht, den Jägern zu entkommen.

Die Büffel-Medizin ist, die Pfeife in einem geheiligten Zusammenhang zu rauchen und den Reichtum des Lebens, der mit allen Rassen, allen Geschöpfen, allen Nationen und allem Leben geteilt werden kann, zu preisen. Es bedeutet auch, für andere zu rauchen, damit sich Ihre dringendsten Wünsche erfüllen und zu beten, daß alle Dinge zu ihrem eigenen Besten in Harmonie bleiben und dabei daran festzuhalten, daß das Große Geheimnis ein Teil dieser Harmonie ist.

Wenn Sie die Büffel-Karte gezogen haben, dann sind Sie dazu aufgerufen, Ihre Energie im Gebet einzusetzen. Sie können auch zum Instrument der Antwort auf das Gebet einer anderen Person werden. Das könnte auf eine Zeit hindeuten, in der Sie die Heiligkeit eines jeden Lebensweges anerkennen lernen, mag er auch noch so sehr von Ihrem verschiedenen sein. Den Weg einer anderen Person, selbst wenn er einem Kummer macht, anzuerkennen, gehört zu der Botschaft, die der Büffel bringt. Das könnte eine Zeit sein, in der man sich wieder des Lebenssinns und des Wertes von Frieden versichert. Mit Sicherheit bringt Ihnen diese Zeit neben Chaos auch Heiterkeit, wenn Sie ernsthaft um Erleuchtung und um die Macht der Ruhe beten und die Geschenke preisen, die Sie bereits erhalten haben.

Der Büffel ist ein Zeichen, daß Sie nichts ohne die Hilfe des Großen Geistes erreichen und daß Sie bescheiden genug sein müssen, um diese Hilfe anzunehmen und dankbar für das, was Sie erhalten.

AUF DEM KOPF STEHENDER BÜFFEL

Wenn der Büffel umgekehrt vor Ihnen liegt, ist das ein Hinweis darauf, daß Sie keine Hilfe gesucht haben, als Sie sie dringend brauchten. Wenn Ihre Hand zu einer Faust geschlossen ist, können Sie nicht den Segen des Überflusses empfangen. Um den verkehrt herum liegenden Büffel besser zu deuten, können Sie sich folgende Fragen stellen:

1. Habe ich meinen ewigen Gefährten, den Großen Geist vergessen?
2. Lege ich mir zuviel Druck in der materiellen Welt auf und sehe deshalb selber nicht mehr die Bedeutung der Vereinigung mit der Quelle allen Lebens?
3. Habe ich vergessen, die Wege der anderen zu achten und auf dieselbe Weise zu respektieren, wie ich es von Ihnen erwarte?
4. Habe ich den Eindruck, daß mein Leben derzeit für das höchste Gut verwendet wird?
5. Habe ich verlernt, dankbar zu sein für alles, was ich besitze, mein Leben, meine Talente, Gesundheit, Familie, Freunde?
6. Ist es Zeit, Frieden zu schließen miteinander oder mit Konflikten in mir selbst, damit ich wieder im Gleichgewicht dahergehen kann?

Werden Sie Büffel. Spüren Sie, wie der Rauch von Gebeten und Lobpreisungen Ihr Büffelfell weiß färbt, so daß Sie eine Antwort auf die Gebete der Welt werden können.

Maus . . .
Wenn ich die Welt sehen könnte
Durch Deine winzigen Augen,
Vielleicht wüßte ich dann,
Wie genaues Prüfen geht.

Jedes Detail hat sein Gewicht und
Getreu seiner Bestimmung
Findet jedes seinen genauen Platz,
Damit der Kreis der drei Ringe
Einmal ein Ende hat.

20
Maus

GENAUIGKEIT

Die Maus sagt: »Ich berühre alles mit meinen Barthaaren, um genau zu wissen, was es ist.« Paradoxerweise ist das gleichzeitig eine große Stärke und eine große Schwäche. Es ist gute Medizin, nah an die Dinge heranzugehen, und es ist gute Medizin, den Dingen im Detail Aufmerksamkeit zu schenken. Aber es ist schlechte Medizin, jedes kleine Ding, jede Sache in winzige Stückchen zu zerkauen.

Die Maus hat viele Raubtiere zum Feind, einschließlich Vögel, Schlangen und Katzen. Und weil die Maus so vielen Tieren als Mahlzeit dient, hat sie einen ausgesprochen hoch entwickelten Sinn für Gefahr in jedem Augenblick. Unsere sogenannte Zivilisation ist ein hoch komplexes Gebilde, das uns von Jahr zu Jahr mehr organisatorische Fähigkeiten und immer genauere Prüfung im Detail abverlangt. Die Maus ist eine sehr mächtige Medizin für unsere Zeit. Was für andere ohne Bedeutung erscheint, ist für die Maus von äußerster Wichtigkeit.

Die Maus-Menschen nerven die Menschen mit einer anderen Kraft sehr häufig, weil sie ihnen so kleinlich erscheinen. Die Maus-Leute entdecken die Baumwollfaser auf Ihrem Mantel, auch wenn beide die gleiche Farbe haben. Sie werden versuchen Ihnen einzureden, mit wieviel Komplikationen auch die einfachste Aufgabe verbunden ist. Sie sind fixiert auf Methodologie. Sie sortieren, kategorisieren und legen sorgfältig ab, weil sie es später noch einmal brauchen könnten. Es sieht so aus, als würden sie horten, aber das liegt weit entfernt von ihrer wirklichen Absicht. Sie bringen nur alles so in Ordnung, daß sie es zu einem späteren Zeitpunkt etwas genauer erforschen können.

Unsere Häuptlinge pflegen zu sagen, daß es ohne die Maus überhaupt keine Systematisierung des Wissens gibt. Die Maus hat den Renaissancemenschen abgelöst und das Zeitalter der Spezialisierung auf den Weg gebracht. Die Maus weiß von Anfang an: es gibt immer noch etwas zu lernen, man kann immer noch tiefer und tiefer dringen.

Wenn Ihre Kraft die Maus ist, dann sind Sie vielleicht ängstlich, aber sehr gut organisiert und haben ein Kästchen für alles. Sie sollten versuchen, ein etwas umfangreicheres Bild zu gewinnen als das, welches Ihnen geradewegs vor der Nase ist. Entwikkeln Sie geistige Großzügigkeit. Versuchen Sie zu erfahren, was der Große Lebenstanz ist. Machen Sie sich klar, daß es, auch wenn Sie in Los Angeles sitzen, New York gibt und auch den Mond, ein Sonnensystem, die Milchstraßen und ein unendliches Universum. Machen Sie einen großen Sprung, kleiner Freund oder kleine Freundin. Sie werden sicherlich einen flüchtigen Blick auf den Heiligen Berg werfen können.

Wenn die Kraft der Maus in Ihren Karten ist, dann ist das ein Hinweis für Sie, daß Sie genau prüfen sollen. Schauen Sie die anderen und sich selbst ganz genau an. Vielleicht liegt jenes große Stück Käse auf einem Hebel, der eine tödliche Falle zuschnappen läßt? Vielleicht ist die Katze in der Speisekammer und wartet auf Sie? Vielleicht erfüllt einer, dem Sie Vertrauen geschenkt haben, wie z.B. ein Anwalt, ein Doktor oder ein Installateur seine Aufgabe nicht zuverlässig. Die Botschaft der Maus ist, genauestens hinzuschauen und dann entsprechend zu reagieren.

AUF DEM KOPF STEHENDE MAUS

Wenn die Maus verkehrt herum erscheint, dann kann das bedeuten, daß Sie allzuviel Zeit darauf verwenden, folgenschwere Taten zu setzen, während Sie eigentlich nur gerade eine Busfahrkarte lösen oder den Schweinekoben ausmisten sollten. Vielleicht haben Sie sich hängen lassen. Möglicherweise haben Sie eine

Abscheu vor Ordnung und Autorität entwickelt. Oder Sie schieben etwas auf, das gleich jetzt Ihre Aufmerksamkeit braucht. Bringen Sie die Maus-Medizin in Ihr chaotisches Leben und in Kürze ist alles sauber und windschnittig.

Eine andere Botschaft der umgekehrten Maus kann sein, daß Sie Wahnvorstellungen von Ihrer eigenen Bedeutsamkeit haben. Wundern Sie sich, warum Sie noch nicht für den Preis irgendeiner Akademie nominiert worden sind? Niemand wird Ihnen die Anerkennung schenken, wenn Sie nicht bescheiden sind und auf die Details achten. Denken Sie daran, daß alle guten Dinge denen entgegenkommen, die sich um Ganzheit bemühen. Die Kleine Maus muß das ganze Bild sehen, aber die Informationen auf dem Bild stückweise verarbeiten. Weite kann überwältigen, wenn man vergißt, sie Stück für Stück abzuschreiten. Der Versuch, zu Vieles zu schnell zu erfahren, erzeugt Verwirrung. Die Kleine Maus kann jede Aufgabe bewältigen, wenn sie ihrer Haltung der Genauigkeit treu bleibt. Verlangsamen Sie Ihr Tempo und stellen Sie die Kraft wieder her. Hören Sie auf, Ihren Schwanz zu jagen oder sich im Irrgarten zu verlieren und fangen Sie an, die Details Ihres gegenwärtigen Lebensweges zu prüfen.

Eule . . .
Magie,
Omen,
Raum und Zeit.

Tritt die Wahrheit ans Licht?
Verscheucht den Betrug,
Lautloser Flug?

Heiliger Medizin-Vogel.

21
Eule

TÄUSCHUNG

Die Kraft der Eule ist symbolisch mit Hellsichtigkeit verbunden, auch mit Stern-Projektionen und sowohl weißer als auch schwarzer Magie. Die Eule wird auf verschiedenen Medizinrädern, die von amerikanisch-indianischen Lehrern benützt werden, als »Nachtadler« bezeichnet. Traditionell sitzt die Eule im Osten, dem Ort der Erleuchtung. Seit undenklichen Zeiten sind die Menschen in der Nacht ängstlich. Sie haben Angst vor der Dunkelheit, vor dem, was man nicht sehen kann und warten furchtsam auf den ersten Durchbruch des Morgenlichts. Im Gegensatz dazu ist die Nacht die Freundin der Eule.

Die Eule jagt nachts ihre Beute. Die Eule kann nicht nur in der Nacht sehen, sie kann auch ganz haarscharf jeden Ton hören und orten. Dadurch hat sie einen großen Vorteil bei ihrer Nahrungssuche. Eulen sind die Nachtjäger. Manche Eingeborene haben vor der Eule Angst und nennen ihre Federn »Federn von Täuschern«. Die Eulenfeder ist ohne Geräusch. Man hört nicht, wenn die Eulen fliegen. Aber wenn sie zuschlagen, dann merken das ihre Opfer sehr wohl, denn ihre Schnäbel und Krallen sind messerscharf.

Oft besitzen Zauberer und Hexen die Kraft der Eule. Wenn Sie diese Kraft haben, werden Sie sich von magischen Praktiken angezogen fühlen, und möglicherweise werden Sie die dunklen Künste erforschen wollen. Sie sollten der Versuchung widerstehen, sich mit der schwarzen Magie einzulassen oder irgendeiner Kunst, die einer anderen Person oder einem Lebewesen Energie stiehlt. Wenn Sie Eulen-Kraft haben, dann werden diese Nachtvögel sich in Ihrer Nähe gerne einfinden, sogar bei Tage, denn sie fühlen sich Ihnen verwandt.

Ist es verwunderlich, daß die Eule in so vielen Kulturen als Symbol der Weisheit verehrt wird? Sie kann sehen, was andere nicht sehen, hören, was andere nicht hören und hat so in sich das Wesen der Weisheit. Wo andere sich täuschen lassen, sieht die Eule und weiß, was da ist.

Athene, die griechische Göttin der Weisheit, hatte als Gefährtin eine Eule auf ihrer Schulter, welche ihr unsichtbare Wahrheiten offenbarte. Die Eule konnte Athenes blinde Seite erleuchten, und so konnte sie die volle Wahrheit finden.

Wenn die Eule Ihre persönliche Medizin ist, kann man Sie nicht täuschen und auch nichts vor Ihnen verheimlichen. Es könnte sein, daß Sie gefürchtet werden, und man Sie deshalb nicht so gerne in der Nähe hat, weil Sie die Hintergedanken, die fast alle haben, leicht durchschauen. Wenn Sie sich Ihrer Kraft nicht bewußt sind, liegt das wohl daran, daß Sie erhabene Einsichten und Fähigkeiten für selbstverständlich halten, was andere niemals tun. Deshalb haben die Menschen Furcht vor Ihnen, denn Sie strahlen auf deren eigene Blindheit zurück. Menschen mit Eulen-Kraft wissen mehr über das Innenleben einer Person, als diese Person selber weiß.

Wenn Sie die Eulen-Karte gezogen haben, dann heißt das, daß Sie Ihre Begabung nutzen und irgendeine gerade fragliche Situation in Ihrem Leben durchdringend und schweigsam betrachten sollten. Die Eule hilft Ihnen, die ganze Wahrheit zu erfassen. Die Eule kann Ihnen während der Nacht durch Träume oder durch Meditation Nachrichten übermitteln. Achten Sie auf die Zeichen und Omen. Die Wahrheit führt zu immer weiterer Erleuchtung.

AUF DEM KOPF STEHENDE EULE

Wenn die Eule in Ihren Karten auf dem Kopf steht, dann sind Sie, entweder durch sich selbst oder durch jemand anderen, heftig getäuscht worden. Vielleicht verwendet jemand Hexerei oder schwarze Magie gegen Sie, oder Sie versuchen sich selbst damit gegen andere zur Wehr zu setzen, während Sie viel besser daran täten, den Großen Geist um Führung zu bitten. Die Botschaft ist, die Dunkelheit im Innern als Freund zu behandeln. Schauen Sie tief hinein und bald wird das helle Licht der Dämmerung Sie erleuchten. Dann fragen Sie sich, worüber Sie überhaupt im Unklaren sind. Wie und von wem werden Sie getäuscht? Haben Sie *sich* über irgendetwas selbst belogen? Ist der Betrug schwerwiegend oder nur klein? Die Eule sagt Ihnen hier, daß Sie auf Ihr Eigentum und Ihre Familie etwas acht geben sollten. Die Eule stellt ihre Fragen immer ganz genau.

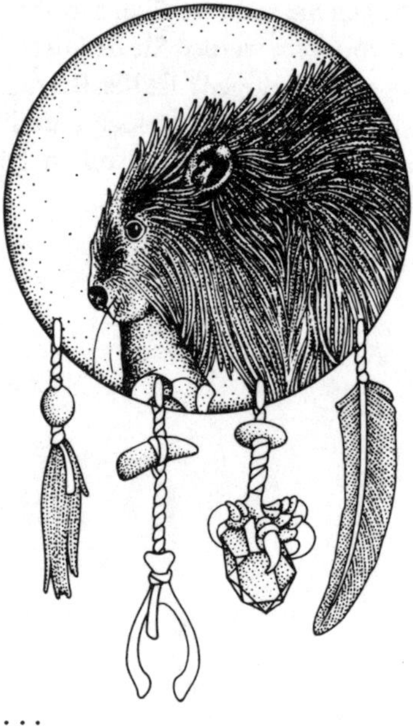

Biber . . .
    Lehre mich, Träume zu bauen,
        Die auch andere einschließen.

    Ein Denken,
        Ein Bewußtsein,
            Das Herz als Ganzes,
                So habe ich es von Dir gelernt.

22
Biber

BAUMEISTER

Im Königreich der Tiere ist der Biber der Tatkräftige. Die Biber-Medizin ist mit der Wasser- und der Erdenergie verwandt und enthält einen starken Sinn für Familie und Zuhause. Wenn Sie sich die Dämme anschauen, mit denen der Biber die Waldbäche staut, finden Sie mehrere Ein- und Ausgänge. Wenn der Biber sich ein Haus baut, dann plant er immer mehrere Fluchtwege ein. Das kann uns eine Lehre sein, uns nicht in die Ecke drängen zu lassen. Wenn wir unsere Alternativen ausschalten, dann dämmen wir den Fluß der Erfahrung in unserem Leben ein. Ein tatkräftiger Mensch ist fleißig und der Biber weiß, daß Begrenzung die Produktivität zugrunde richtet.

Der Biber ist mit Zähnen ausgerüstet, die so scharf sind, daß er damit ganze Bäume fällen kann. Stellen Sie sich vor, was diese Zähne an den Gliedmaßen von Raubtieren anrichten könnten! Der Biber hat außerdem einen Schwanz, der wie ein Paddel geformt ist und der ihm nicht nur zum Schwimmen, sondern auch zur Verteidigung seines Hinterteils sehr nützlich ist. Dieses kleine Säugetier ist gut ausgerüstet, um seine Werke zu schützen.

Um die Biber-Kraft zu verstehen, muß man die Kraft anschauen, die in der Arbeit liegt und darin, daß man etwas geschafft hat. Wenn man einen Traum verwirklichen will, braucht man den Geist der Zusammenarbeit. Mit anderen an einem gemeinsamen Ziel zu arbeiten, erfordert Arbeit mit dem Denken der Gruppe. Gruppen-Denken stiftet Harmonie auf der höchsten Stufe, ohne daß sich irgendwelche individuellen Egos in den Weg stellen können. Jeder Partner des Projekts respektiert die Talente und Fähigkeiten der anderen und weiß, wie er in das Puzzle der anderen hineinpaßt. Wenn man mit anderen gut zusammenarbeitet, wächst ein Gemeinschaftssinn und entsteht Einheit.

Wenn der Biber in Ihren Karten auftaucht, dann ist es Zeit, daß Sie Ihre Gedanken in Taten umsetzen oder ein Projekt beenden, das Sie vernachlässigt haben. Der Biber könnte allerdings auch sagen, daß Sie Meinungsverschiedenheiten mit Mitarbeitern oder Freunden beilegen sollten. Der Biber rät auch, nach unterschiedlichen Möglichkeiten Ausschau zu halten, wie die derzeitigen Konflikte gelöst werden können und Anforderungen begegnet werden kann. Er rät auch, Ihr Werk, das Sie liebevoll errichtet haben, zu schützen.

Manchmal mahnt der Biber Sie, sich nach hinten abzusichern. Wenn das bei Ihnen der Fall ist, dann ist es durch die Position gekennzeichnet, in der der Biber auftaucht. Wenn er z.B. im Süden liegt, dann soll dadurch das Kind in Ihnen dazu aufgefordert werden, ruhig, vertrauensvoll, aber nicht unvorsichtig zu sein. Benützen Sie die Kunst der Unterscheidung und alles wird gut.

AUF DEM KOPF STEHENDER BIBER

Wenn der Biber seinen Kopf unter Wasser getaucht hat und verkehrt herum liegt, sind Sie aufgefordert, sich neuen Möglichkeiten zu öffnen und aufmerksam dabei zu sein, denn es könnte auch dazu führen, daß Sie faul und nachlässig oder apathisch werden. Finden Sie heraus, was den Fluß hemmt und entfernen Sie das Hindernis. Die Fragen, die in den Sinn kommen, wenn der Biber auf dem Kopf steht, sind:

1. Habe ich vergessen, in meinem Leben für neue Erfahrungen Raum zu lassen?
2. Bin ich bereit, mit anderen zu arbeiten?
3. Bin ich verärgert, daß ich arbeiten muß?
4. Drücke ich meine Kreativität im Tun oder im Träumen aus?
5. Baut mein Verstand der Produktivität so viele Hindernisse ent-

gegen, daß ich das Gefühl habe, ein Versager zu sein, bevor noch irgendeine Arbeit angefangen ist?

Meditieren Sie über die Entschlossenheit des Bibers und die Bereitschaft zu arbeiten. Stellen Sie sich das Ziel, das Sie anstreben, lebhaft vor und machen Sie sich bereit, mit anderen zusammen dafür zu arbeiten.

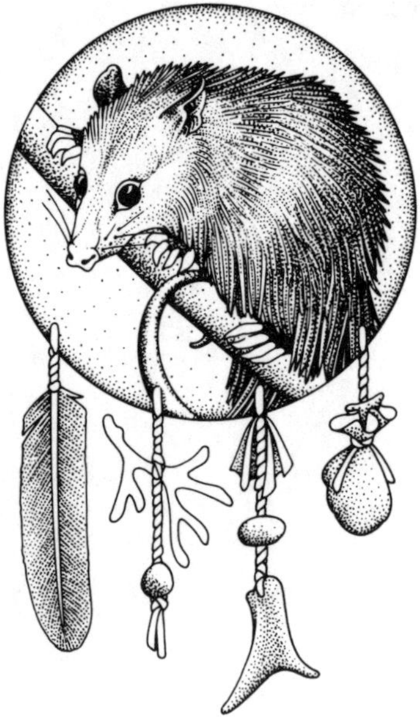

Opossum . . .
Dreh Dich bitte um!
Bist Du etwa tot?

Oder spielst Du nur krank?
Habe ich Dich gekränkt?

23
Opossum

ABLENKUNG

Totstellen ist der beste Schutz des Opossums. Dadurch verwirrt die Beutelratte viele ihrer räuberischen Verfolger so sehr, daß sie glauben, die Jagd sei vorbei. Oft macht sich der verwirrte Gegner davon oder schaut einen Moment lang in eine andere Richtung – und schon schlüpft das Opossum in irgendeine Deckung.

Die Opossum-Medizin enthält eine Menge Strategie. Wenn gar nichts mehr nützt, stellt das Oppossum sich tot. Obwohl es mit Zähnen und Krallen kämpfen kann, benützt es diese Verteidigungsform äußerst selten. Stattdessen setzt das Opossum auf das Raffinierteste die Strategie der Ablenkung ein, sobald die Dinge etwas problematischer werden. Das Opossum entwickelt eine Verstellungskunst, die den Preis einer Akademie im Königreich der Tiere verdient. Zusätzlich zur meisterhaften Verstellung kann es nach Belieben den süßlich-feuchten Geruch des Todes ausströmen und sorgt damit für erhebliche Orientierungslosigkeit unter seinen Verfolgern.

Wenn das Opossum in Ihren Karten auftaucht, dann sollen Sie in irgendeiner gerade aktuellen Frage strategisch vorgehen. Verlassen Sie sich auf Ihren Instinkt, um den besten Weg aus einer bedrängten Lage heraus zu finden. Wenn Sie vorgeben müssen, Sie seien gleichgültig oder angstlos, dann tun Sie das nur. Häufig verliert der Spötter die Lust an seinem Spiel, wenn er sieht, daß Sie sich nicht quälen und auch nicht zeigen, ob Sie verletzt sind. Krieger haben immer schon Opossum-Kraft benützt, wenn der Gegner sich mit großer Übermacht genähert hat. Dann plötzlich, wie ein Blitz, wenn der Gegner es am allerwenigsten erwartet, ertönte der Kriegsruf. Der Schrecken, der dadurch erzeugt wird, dient der zusätzlichen Verwirrung dessen, der jetzt keinen Widerstand mehr erwartet. Der Sieg ist süß, wenn er nicht nur auf körperlicher, sondern auch auf denkerischer Tüchtigkeit beruht. Das Opossum könnte Ihnen mitteilen, daß Sie das Unerwartete erwarten und bei der Verfolgung des Sieges gewitzt sein sollten. Das könnte ebensogut ein Sieg über einen lästigen Verkäufer, als auch über einen vorwitzigen Nachbarn sein. Vor allem ermuntert Opossum Sie, Ihren Verstand zu gebrauchen, aber auch Ihren Sinn für Theatralisches und Überraschungen – damit Sie über eine Hürde zum Erfolg kommen.

AUF DEM KOPF STEHENDES OPOSSUM

Ein umgekehrtes Opossum könnte Sie vor der Verstrickung in dem Bühnenbild warnen, in dem sich das Drama Ihres Lebens in diesem Moment abspielt. Mit »Augen zu und Vorhang auf« können Sie sich vielleicht selbst davon abhalten, die wirkliche Situation ins Auge zu fassen. Sie können sich in das Melodrama einkaufen, das Sie in sich selbst oder in anderen vorfinden. Wenn Sie sich mit der Rolle des ewig tragischen Opfers zu rechtfertigen suchen, können Sie sich genausogut totstellen. Sollte diese Beschreibung auf Sie nicht zutreffen, dann betrachten Sie einmal die Möglichkeit, ob Sie in letzter Zeit, anstatt die Wahrheit zu sagen, Ausflüchte gesucht haben, um bestimmten Ansprüchen aus dem Weg zu gehen. Vielleicht wollten Sie niemanden verletzen und haben sich deshalb selbst in irgendeinem der folgenden Rechtfertigungsmuster gefangen: »Ich bin zu krank oder zu arm. Ich muß auf mein Gewicht achten, ich bin zu klein, zu groß, traurig, beschäftigt, müde usw.« Indem Sie das Gefühl haben, sich mit Gründen herausreden zu müssen, haben Sie schon Boden unter den Füßen verloren. Sie brauchen Ihr Recht zu sein nicht verteidigen! Die Übung besteht darin, höflich, aber bestimmt zu sagen, daß dies der falsche Augenblick ist. Das reicht. Sie schulden niemandem eine Entschuldigung dafür. Lernen Sie, das Opossum nachzuahmen und sich totzustellen, und zwar in dem Sinn, daß die beste Verteidigung keine Verteidigung ist. Indem Sie daran festhalten, sich nicht zu verteidigen, haben Sie das Recht erworben, ohne jede Verstellung zu sein, wer und was Sie sind.

Der richtige Einsatz der Ablenkung gelingt erst dann, wenn Sie wissen, wann Sie keinerlei Ablenkungsmanöver benötigen. Sie schulden niemandem eine Erklärung dafür, wie Sie sich fühlen oder welche Erfahrung Sie durchmachen.

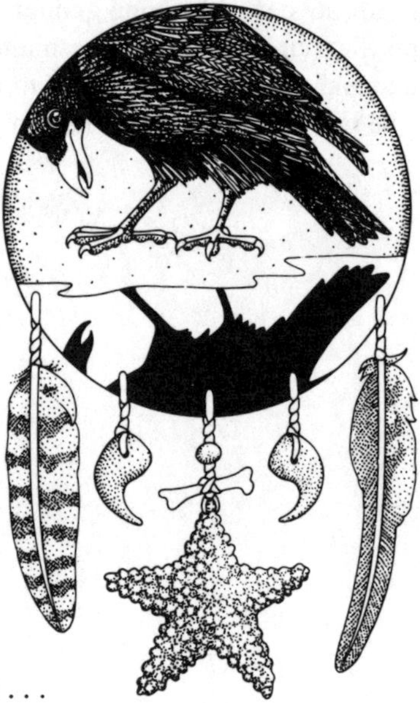

Krähe . . .
Krächzst Du,
Damit ich verstehe,
Wie meine Seele
Ihr Gleichgewicht findet?

Oder sendest Du
Dein heiliges Krächzen,
Um mich zu erinnern
An die für alle gültigen Gesetze?

24
Krähe

GESETZ

Es gibt eine Medizin-Geschichte, in der beschrieben wird, wie die Krähe von ihrem eigenen Schatten fasziniert war. Immer wieder mußte sie ihn anschauen, mit Ihren Krallen ankratzen und nach ihm picken, bis der Schatten aufwachte und lebendig wurde. Dann fraß der Schatten die Krähe auf. Die Krähe ist jetzt eine tote Krähe.

Die tote Krähe ist der Wächter zur Linken. Wenn Sie ihr tief ins Auge schauen, finden Sie dort das Tor in die Welt des Übernatürlichen. Die Krähe kennt die unbekannten Geheimnisse der Schöpfung und hütet alle heiligen Gesetze.

Weil die Krähe die Hüterin der Heiligen Gesetze ist, kann sie die Gesetze der physischen Welt *brechen* und von einer Form in die andere wechseln. Diese Fähigkeit ist selten und einzigartig. In unserer heutigen Welt gibt es nur wenige solche Alchimisten und noch weniger, die wie die Krähe wissen, wie man von einer Gestalt in die andere wechseln kann. Diese Kunst schließt die Fähigkeit der Verdoppelung oder der *bewußten* Gegenwärtigkeit an zwei Orten ein; solche Leute nehmen eine andere physische Gestalt an, werden »die Fliege an der Wand«, um zu beobachten, was weit weg geschieht.

Die »Boot-Leute«, wie Slow Turtle die Europäer nannte, die auf Turtle Island landeten, besaßen teilweise erhebliches alchimistisches Wissen, aber keiner von ihnen hatte jemals so mächtige Transfigurationen erlebt, wie die Schamanen sie mit Hilfe der Krähen-Medizin zustandebrachten. Viele dieser Europäer hatten Angst vor diesen Tier-Wesen, die in ihre Lager oder Behausungen kamen, um sich ein Bild von ihrer Medizin zu machen. Menschen mit Krähen-Kraft sind Meister der Sinnestäuschung.

Alle heiligen Texte stehen unter dem Schutz der Krähe. Das *Buch der Gesetze* oder *Buch der Siegel*, das vom Schöpfer selber kommt, ist in Krähenfedern eingebunden. Die Krähenfedern erzählen vom Geist, der Fleisch geworden ist. Die Krähe ist auch die Beschützerin der «Ogallah«, der alten Aufzeichnungen.

Die heiligen Gesetzesgürtel, die Wampum-Gürtel, die lange Zeit vor der Ankunft der europäischen Boot-Menschen auf diesem Kontinent von indianischen Frauen mit Perlen bestickt worden waren, enthalten Wissen über die Gesetze des Großen Geistes und werden in den Schwarzen Hütten, den Frauen-Hütten, aufbewahrt. Das Gesetz, nach dem »alles von der Frau geboren wird«, ist von der Krähe verkündet.

Man lehrt schon die Kinder, sich nach den Regeln ihrer Kultur zu verhalten. Die meisten religiösen Systeme mit einem Anspruch auf Gültigkeit ihrer Heilsaussagen geben sich selbst die Vollmacht, auch für den weltlichen Bereich gültige Verhaltensweisen festzulegen: Wenn du dies tust, kommst du in den Himmel, und wenn du jenes tust, kommst du in die Hölle. Von jedem »wirklichen Glaubenssystem« erwartet man auch ganz bestimmte Heilsformeln.

Das Gesetz der Menschen ist aber nicht das gleiche wie das heilige Gesetz. Die Krähen-Medizin geht noch viel mehr als andere davon aus, daß die körperliche Welt, aber auch die geistige Welt, Illusionen sind – jedenfalls soweit, wie die Menschen sie zu deuten versuchen. Es gibt Milliarden von Welten, unendlich viele Geschöpfe, und der Große Geist ist in ihnen allen zugegen. Wenn eine Person den vollkommenen Gesetzen der Krähe folgt, so wie sie vom Schöpfer gegeben sind, dann stirbt sie einen guten Medizin-Tod, d.h. daß sie in die nächste Inkarnation mit einer klaren Erinnerung an ihre Vergangenheit hineingeht.

Die Krähe ist ein Omen für Veränderung. Sie lebt in der Leere und hat keine Empfindung für Zeit. Die alten Häuptlinge erzählen, daß die Krähe die drei Geschicke gleichzeitig sieht: Vergangenheit, Gegenwart und Zukunft. Die Krähe verschmilzt Licht und Dunkelheit, indem sie die innere und die äußere Wirklichkeit gleichzeitig sieht.

Wenn die Krähen-Kraft in Ihren Karten auftaucht, müssen Sie einhalten und darüber nachdenken, in welchem Verhältnis für Sie die Gesetze des Großen Geistes zu den Gesetzen der Menschen stehen. Die Krähen-Medizin verweist auf ein Wissen von richtig und falsch aus erster Hand, das von höherer Ordnung ist als das Wissen, aus dem die Gesetze und Kulturen der Menschen geschaffen sind. Wer Krähen-Kraft hat, kann mit mächtiger Stimme darüber reden, daß etwas aus dem Gleichgewicht geraten, unharmonisch, nicht in Ordnung oder ungerecht ist.

Denken Sie daran, daß die Krähe zunächst mit einem Auge und dann mit dem anderen schielend auf die Dinge schaut. In der Kultur der Mayas hatten Schielende das Privileg und die Pflicht, in die Zukunft zu schauen. Sie müssen Ihre Angst davor überwinden, daß Sie eine »Stimme in der Wüste« sind. Sie müssen den Schützen auskrächzen, sobald Sie ihn sehen.

In dem Maße wie Sie lernen, Ihre *persönliche Integrität* zu Ihrem Führer zu machen, verliert sich auch Ihr Gefühl, allein zu sein. Dann kann sich Ihr *persönlicher Wille* entwickeln, so daß Sie zu Ihrer Wahrheit stehen können. Der erste Schritt von echten Krähen-Menschen ist, auf die eigenen Meinungen und Handlungen gut Acht zu geben. Sie müssen bereit sein, mit Ihren Taten zu Ihren Worten zu stehen, die Wahrheit zu sagen, Ihre Aufgabe im Leben zu kennen, Vergangenheit, Gegenwart und Zukunft hier und jetzt im Gleichgewicht zu halten. Verwandeln Sie Ihre Form und werden Sie Ihr zukünftiges Selbst. Lassen Sie Brüche der physikalischen Gesetze zu, um mitzuhelfen, eine Welt mit neuer Form, eine Friedenswelt zu schaffen.

AUF DEM KOPF STEHENDE KRÄHE

Sie stehen also außerhalb der Gesetze, sind vogelfrei, ja? Das ist eine der möglichen Botschaften, die Ihnen die umgekehrte Krähe bringen könnte. Der Rebell in Ihnen hat einmal laut aufgeschrien und schon ist die Hölle los.

Ein Wort dem Klugen, dem dies passiert: Wenn Sie Leuten auf die Füße treten, sichern Sie sich vorher bei anderen ab. Wenn es in der Bar hoch hergeht, war der Kerl mit den zwei blauen Augen am Ende der Blitzableiter für den Ärger. Das ist gemeint, wenn man davon spricht, die Krähe zu »essen«.

Wenn Sie weniger extrem veranlagt sind, kann die umgekehrte Krähe bedeuten, daß Sie bei Ihrer Diät etwas schummeln oder die Nachbarn heimlich bei einem Streit belauschen oder daß Sie sich sagen: »Versprechen sind dazu da, gebrochen zu werden«. In allen diesen Situationen sind nur Sie der Verlierer. Sie lügen sich selber an und haben die Kraft der Krähe verloren. Denken Sie darüber nach, dann wird wahrscheinlich Ihre innere Wahrheit zu Ihnen zurückkehren.

Möglicherweise müssen Sie, um die Wahrheit zu erkennen, alte Glaubenshaltungen und Vorstellungen erst einmal loswerden, damit Sie in den gegenwärtigen Moment einsteigen können. Die umgekehrte Krähe erinnert daran, daß göttliches Gesetz *nicht* in der Verneinung der Wahrheiten im eigenen Selbst besteht. Göttliches Gesetz unterstützt die Harmonie, die von einem friedlichen Denken, einem offenen Herzen, einer wahren Zunge, einem leichten Gang, einer Natur, die verzeiht, und einer Liebe für alle Lebewesen ausgeht. Schätzen Sie die Vergangenheit als Ihren Lehrer, die Gegenwart als Ihre Schöpfung und die Zukunft als Quelle der Inspiration.

Es kann schmerzlich für Ihr Gefühlsleben sein, wenn Sie die Formveränderungen in Ihrem Leben nicht erkennen. Wenn die Rebellion an die Oberfläche kommt, wird sichtbar, daß Energie nicht zur Entfaltung kommt. Die umgekehrte Krähe spricht von Gesetzesbrüchen. Das Gesetz der Ausdehnung ist durch Unterdrückung gebrochen. Das kann eine Situation betreffen, aber auch eine alte Gewohnheit, eine Person, der Sie Autorität gegeben haben oder auch die eigenen Ängste. Es ist immer das eigene Werk. Deshalb sollten Sie die Krähe rufen und dieses Werk Ihrer neuen Situation anpassen.

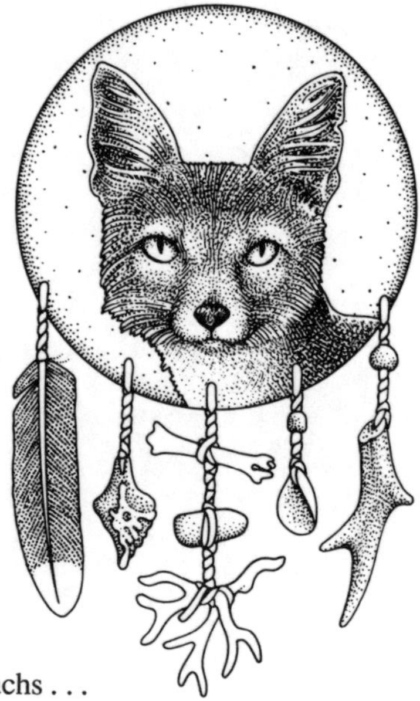

Fuchs . . .
Wo bist Du?
Im Farn?
Wirst zu Wald,
Damit ich etwas lerne?

Beobachtest Du,
Ohne daß ich Dich sehe?

Versuchst Du, mich zu lehren,
Ein Baum zu werden?

25
Fuchs

TARNUNG

Reinecke Fuchs hat viele Verbündete im Wald. Dazu gehört das Laubwerk, das ihm Schutz und Kraft gibt. Der Fuchs verschwindet scheinbar im üppigen Unterholz. Diese Pflanzenwelt ist mit dem Fuchs verbündet. Für jemanden, der beobachtet, was die anderen machen, ist die Fähigkeit, unbemerkt mit der eigenen Umgebung zu verschmelzen, eine machtvolle Begabung.

Eine andere natürliche Begabung des Fuchses ist seine Fähigkeit, im Winter die Farbe zu wechseln wie das Chamäleon. Sein dichter weißer Winterpelz erlaubt es ihm, sich mit dem Schnee zu vermischen, wenn die Blätter keinen Schutz mehr bieten. Zur Fuchs-Kraft gehören Anpassungsfähigkeit, List, Beobachtungsgabe, Einfügung und Schnelligkeit im Denken und im Handeln. Diese Eigenschaften schließen auch Entscheidungsfreude und sicheres Auftreten ein.

Seine Fähigkeit, ungesehen zu bleiben, versetzt ihn in die Lage, die Familieneinheit zu schützen. Wenn sich Gefahr nähert, ist der Fuchs zur Stelle. Nanih Waiya, so wird der Große Geist in der Sprache der Choctaw genannt, gibt dem Fuchs den ehrenvollen Auftrag, die Familie zusammenzuhalten und zu schützen. Das geschieht durch die Fähigkeit, unerkannt zu beobachten, ohne daß andere etwas davon merken. Der Fuchs ist immer um die Sicherheit der Familienmitglieder besorgt und eignet sich her-vorragend als Talisman für Menschen, die weite Reisen unternehmen.

Wenn der Fuchs sich entschieden hat, seine Kraft mit Ihnen zu teilen, ist das ein Zeichen, daß Sie wie Wind werden sollen, d.h. selber unsichtbar, aber doch imstande, sich jederzeit in irgendeinen Ort oder eine Lage hineinzuverweben. Sie wären gut beraten, wenn Sie derzeit die Taten der anderen genau beobachten würden und weniger ihre Worte. Nutzen Sie Ihre Gewitztheit auf positive Weise; bewahren Sie Stillschweigen darüber, wen, was oder warum Sie beobachten. Während Sie die Kunst der Tarnung lernen, müssen Sie sich selber prüfen, ob Sie dieses Stillschweigen halten können.

Ein solcher Test könnte davon ausgehen, daß Sie beschließen, unsichtbar zu sein. Versuchen Sie, sich Ihren Körper als Teil Ihrer Umgebung vorzustellen, ganz in den Farben dessen, was Sie umgibt. Sehen Sie dann vor Ihrem geistigen Auge, wie Sie sich bewegen: heimlich, graziös und von den anderen nicht bemerkt. Wenn Sie das richtig tun, gelingt es auch! Sie können eine Gesellschaft unbemerkt verlassen oder so unauffällig werden wie eines der umherstehenden Möbel und zuschauen, wie sich das Drama der von Ihnen beobachteten Menschen entfaltet.

Während Sie vom Fuchs lernen, gewinnen Sie sehr wahrscheinlich auch das Vertrauen in Ihre Fähigkeit, augenblicklich zu wissen, was als nächstes passieren wird. Nachdem Sie eine zeitlang beobachtet haben, erkennen Sie in bestimmten Situationen eine gewisse Vorhersehbarkeit, die Sie in die Lage versetzt, schnell zu handeln. Der Fuchs lehrt Sie die Kunst der Einheit dadurch, daß Sie die Tarnung verstehen lernen. Das reicht durch alle Stufen des Seins; von den Steinen bis zu Gott. Wenn Sie Fuchs-Kraft haben, sind Sie aufgefordert, alle Anwendungsmöglichkeiten von Einheit zu erkennen.

So ähnlich wie die Clowns beim Stierkampf kann der Fuchs einen Freund oder ein Familienmitglied davor bewahren, vom wütenden Stier niedergetrampelt zu werden. Der Fuchs kann törichte Taktiken dazu verwenden, eine hervorragende Tarnung aufzubauen. Niemand vermutet die Macht der Schläue hinter solchen genialen Manövern.

AUF DEN KOPF GESTELLTER FUCHS

Vorsicht vor Reinecke Fuchs, wenn die Karte verkehrt herum erscheint. Es könnte sein, daß jemand Sie beobachtet, um Ihren nächsten Schritt zu erraten. Wenn Sie aber etwas tiefer in sich selbst hineinschauen, entdecken Sie vielleicht, daß Sie sich selbst beobachten, um sich zu *beweisen*, daß Sie existieren. Wenn sie so sehr zur Tapetenblume geworden sind, daß Sie bereits verbleichen, müssen Sie sich vielleicht dafür entscheiden, daß es sich doch lohnt, von Ihnen Notiz zu nehmen.

Der umgekehrte Fuchs ist ebenso töricht wie listig, und es könnte ja sein, daß Sie sich selbst eingeredet haben, daß Ihr geringes Selbstvertrauen darauf zurückzuführen sei, daß Sie aus einfachem Hause stammen oder ein einfaches Leben führen. Das ist eine andere Art von Tarnung, bei der Sie Ihr Bedürfnis tarnen, ein Leben mit Freunden, mit Fröhlichkeit und mit weitgesteckten Zielen führen zu wollen. Hier wird Ihnen mitgeteilt, daß Sie aufpassen sollen, wenn Gleichgültigkeit oder selbstverschuldete Langeweile Sie überkommen. Sie müssen wahrscheinlich tief graben, wenn Sie finden wollen, was Sie hinreichend erregen kann, daß es Sie über das Ödland Ihrer stumpfen Sinne und Ihres stumpfen Lebens hinwegzieht.

Der umgekehrte Fuchs kann Ihnen auch sagen, daß Sie *zu sichtbar* geworden sind. Wenn man eine angesehene Stellung einnimmt, werden einem häufig Neid und Eifersucht entgegengeschleudert. Wenn Sie sich angegriffen fühlen, sollten Sie sich zurückziehen. Es könnte an der Zeit sein, die Rolle des Einsiedlers zu spielen und sich mit einer Tarnkappe zu bedecken. Um den umgekehrten Fuchs wieder in Ordnung zu bringen, müssen Sie das Gürteltier rufen und Ihre Grenzen benennen. Dann rufen Sie den Beschützer der Familie, damit er Sie in die Kunst der Tarnung einweist. Wenn Sie einmal aus der Schußlinie herausgekommen sind, können Sie wieder Ihr eigener Fuchs sein.

Werden Sie Fuchs, empfinden Sie die Freude, die darin liegt, daß Sie den Spielplatz Ihres Lebens kennen.

Eichhörnchen . . .
Du hast Nüsse gesammelt
Nach Maß und Bedarf,
Genau vorausschauend,
Wieviel Du brauchst.

Lehre mich, nur das zu nehmen,
Was nötig ist und nicht mehr.

Im Vertrauen darauf,
Daß das Große Geheimnis
Die Aussaat wieder erntet.

26
Eichhörnchen

SAMMELN

Das Eichhörnchen bringt Ihnen bei, für den Winter vorauszuplanen, wenn die Bäume kahl und schon längst keine Nüsse mehr zu finden sind. Eichhörnchen-Kraft kann sehr unterschiedliche Formen annehmen, weil dieses kleine, pelzige Geschöpf sehr vielseitig ist. Mit seinem wechselhaften Verhalten hat das Eichhörnchen schon so manchen einsamen Jäger zum Besten gehalten, und niemand wird bestreiten, daß es sehr vorteilhaft ist, wenn man blitzschnell einen Ast umkreisen kann. Dieses wechselhafte verhalten kann einem allerdings auch den letzten Nerv rauben, wenn man es mit Menschen zu tun hat, die Eichhörnchen-Kraft haben. Schon der Versuch, sie so weit zu beruhigen, daß man mit ihnen irgendeine Sache verfolgen kann, bringt einen möglicherweise um den Verstand!

Die Sammel-Kraft, die in der Eichhörnchen-Medizin liegt, ist eine große Begabung. Sie lehrt Sie, wie Sie Ihre Kräfte für Zeiten der Not sammeln und schonen können; wie Sie etwas für einen späteren Gebrauch zurückhalten können, sei es ein Urteil, eine Meinung, ein Sparguthaben, Kerzen oder eine Essensreserve. Mit einem Wort: das Eichhörnchen ist der Pfadfinder unter den Tieren, allzeit bereit.

In einer Zeit wie der unseren, wo die Verhältnisse und die Glückslagen sich schnell verändern, wappnet sich der Weise für die Zukunft. Alle unsere Prophezeiungen sprechen von großen Veränderungen, die uns gegen Ende dieses Jahrtausends erwarten. Im Hinblick auf mögliche zukünftige Regentage ist Eichhörnchen-Kraft eine Quelle des Lichts. Ihre Botschaft ist, vorbereitet zu sein, ohne deshalb in der Vorsorge aufzugehen. Bringen

Sie sich selbst genügend Aufmerksamkeit entgegen, um in Zeiten der Knappheit mit dem Nötigsten versorgt zu sein, auch wenn diese Zeiten niemals kommen.

Wenn das Eichhörnchen heute in Ihre Karten gehuscht ist, dann soll das heißen, daß Sie Ihrer Zukunft die nötige Achtung entgegen bringen, indem Sie sich auf Veränderungen vorbereiten. Die Botschaft könnte sein, daß Sie Ballast abwerfen, wenn Sie sich mit zu viel unnützem »Zeug« umgeben haben. Dieses »Zeug« schließt auch Gedanken ein und Sorgen, Druck, Streß oder irgendwelche Gerätschaften, die schon seit Jahren kaputt sind. Wenn Sie die Botschaft verstehen wollen, die im Sammeln steckt, dann versuchen Sie sich mit dem Gedanken vertraut zu machen, das Zeug, das sich bei Ihnen so angesammelt hat, einfach weiterzugeben. Rufen Sie den nächstbesten Ramschladen an und geben Sie die Sachen jemandem, der sie brauchen kann. Wenn für Sie aus den Dingen keine Triebe mehr sprießen, ist es Zeit, sich von ihnen zu trennen.

Das Eichhörnchen hat aber auch noch eine andere Lektion für Sie bereit, die Ihnen helfen kann, wenn Sie das Naheliegende beachten. Sie können sich damit auf alle Wechselfälle des Lebens vorbereiten. Es hat mit dem sicheren Platz zu tun, an dem Sie verstecken, was Sie gesammelt haben. Dieser sichere Platz ist ein ungetrübtes Herz und ein ungetrübter Verstand und das, was gesammelt und dort hingebracht wird, ist Weisheit und Fürsorge. Die Energien, die dort eingelagert sind, machen Ihr Denken und Fühlen frei durch das Bewußtsein, daß alles zu seiner Zeit besorgt werden wird. Richten Sie dieses Bewußtsein auf Ihre Zukunftsängste und sie werden sich in Nichts auflösen.

AUF DEM KOPF STEHENDES EICHHÖRNCHEN

Die dem Eichhörnchen entgegengesetzte Medizin ist die des Hortens. Sie trifft auf eine ängstliche Person zu, die immer nur das Schlimmste befürchtet und in Wartestellung verharrt. Darauf warten, daß sich etwas ereignet, ist wie eine Falle. Kein Handeln ist Stagnation. Etwas von der wechselhaften Energie des Eichhörnchens würde helfen, die Dinge in Bewegung zu bringen. Wenn das Eichhörnchen auf Ihrem Ast nach unten hängt, haben Sie vielleicht damit begonnen, die Welt in Gegensätzen zu sehen. Sie haben Ihre Gedankenbilder, die den Überfluß und die Fülle vorstellen, so geizig eingesammelt, daß Sie die Furcht vor Knappheit überkommen hat. Sie könnten sich folgende Fragen zu beantworten versuchen:

1. Habe ich meine Begabung, genügend Raum für Überfluß zu schaffen, aus meinem Leben vertrieben?
2. Versage ich mir meine Verbindung zur Erd-Mutter, von der alles kommt?
3. Habe ich mich zu schnell bewegt und ohne jedes zielgerichtete Handeln die wechselhafte Eichhörnchen-Natur angenommen?
4. Laß ich meine Energie mit lauter Sorgen ausströmen anstatt dadurch, daß ich vorbereitet bin, Kraft anzusammeln?

Denken Sie daran, daß einmal ein Mitglied der Eichhörnchenfamilie die Energie des Adlers eingesammelt und sich mit dem Großen Geist verbunden hat... Jetzt kann er fliegen.

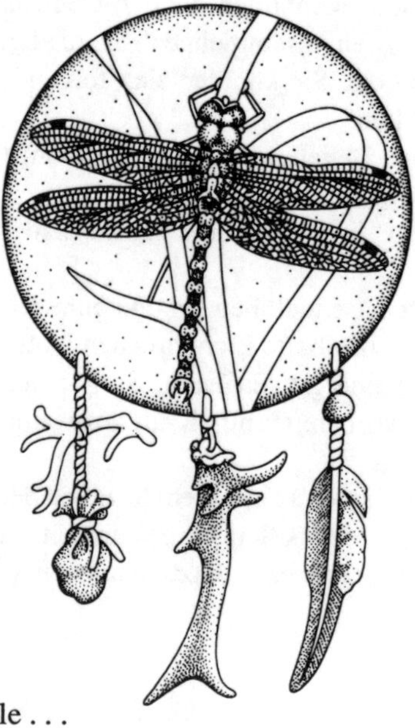

Libelle . . .
Zerstört Illusionen,
Bringt Bilder von Macht,
Es braucht nicht Beweise,
Die Zeit ist jetzt.

Wisse und glaube es,
Der Große Geist ist der Fürsprecher.

Er nährt Dich und segnet Dich
Und gibt, was Du brauchst.

27
Libelle

SINNESTÄUSCHUNG

Libellen-Medizin gehört zur Traumzeit und zur täuschenden Fassade, die wir gewohnt sind, als körperliche Welt hinzunehmen. Das Schillern der Libellenflügel erinnert uns an Farben, die wir aus unserer täglichen Erfahrung nicht kennen. Die Art, wie die Libelle ihre Farbe, Energie, Form und Bewegung wechselt, führt zu einer Explosion im Kopf des Betrachters, aus der vage Erinnerungen an eine Zeit und einen Ort auftauchen, in der die Magie geherrscht hat.

Manche Erzählungen berichten, daß die Libelle (engl.: »dragonfly«) einmal ein Drachen war. Der Drachen hatte Schuppen wie die Flügel der Libelle. Er war voller Weisheit. Er flog durch die Nacht und brachte mit seinem glühenden Atem Licht. Der Atem des Drachens schuf die Kunst der Magie und die Sinnestäuschung der Formveränderung. Eines Tages fiel der Drachen seiner eigenen Täuschung zum Opfer. Der Koyote überredete ihn, eine andere Form anzunehmen, und diese Form wurde dann die Libellenform. Der Drache verlor seine Macht dadurch, daß er die Herausforderung annahm, seine Macht und magische Tüchtigkeit unter Beweis zu stellen.

Die Libelle ist das Wesen der Winde der Veränderung, der Botschaften von Weisheit und Erleuchtung und der Mitteilungen aus der Welt der Elemente. Diese Welt der Elemente setzt sich aus winzigen Pflanzengeistern und aus den Elementen Luft, Erde, Feuer und Wasser zusammen. Man kann sagen, daß diese Welt der Elemente voll ist mit Naturgeistern.

Wenn die Libelle heute in Ihre Karten geschwirrt ist, kann das bedeuten, daß Sie vergessen haben, Ihre Pflanzen zu wässern. Auf einer anderen Ebene kann es bedeuten, daß Sie Dank sagen sollten für das Essen, mit dem Sie Ihren Körper ernähren. Auf der psychologischen Ebene wird Ihnen bedeutet, daß Sie den Sinnestäuschungen abschwören sollten, mit denen Sie sich selbst am Handeln und auch am Entwerfen von Plänen hindern.

Libellen-Kraft ermuntert Sie immer dazu, die Gewohnheiten aufzuspüren, die Sie verändern sollten. Haben Sie zu viele Kilos mitzuschleppen? Oder sehen Sie langsam wie eine Vogelscheuche aus? Wie steht es mit Ihrer Lust an Veränderungen, die Sie sich vorgenommen haben? Wenn Sie die Notwendigkeit der Veränderung spüren, rufen Sie die Libelle, damit sie Sie durch die Nebel der Täuschung auf den Weg der Verwandlung führt.

Überlegen Sie, wie Sie die Kunst der Sinnestäuschung auf Ihre gegenwärtige Frage oder Situation anwenden können und vergessen Sie dabei nicht, daß die Dinge niemals so sind, wie sie erscheinen.

AUF DEM KOPF STEHENDE LIBELLE

Versuchen Sie, sich selbst oder jemand anderem zu beweisen, daß Sie Macht haben? Sind Sie in einer Sinnestäuschung gefangen, die Ihre wahren Gefühle schwächt oder Ihre Fähigkeiten vermindert? Wenn das so ist, dann haben Sie wahrscheinlich ein Abonnement auf »Sturzbomber mit Libelle«. Ist es der letzte Kamikaze-Flug für irgendeinen Wunschtraum, der gar keine richtige Zielsetzung hatte? Schauen Sie nach innen und spüren Sie die Energie, die aus dem Sinn für Sie selbst kommt. Beobachten Sie, ob sie abflaut und spüren Sie den Zeitpunkt auf, wo Ihnen jemand vielleicht vorgemacht hat, daß Sie glücklicher wären, wenn Sie sich veränderten. Wenn Sie sich unglücklich fühlen, so ist das ein erster Hinweis darauf, daß Sie Ihren Willen und Ihr Gefühl für Ihren persönlichen und eigenen Wert eingebüßt haben, weil Sie sich auf die Vorstellung von jemand anderem eingelassen haben, wer oder wie Sie sein sollten. Indem Sie billig hergeben oder verpfänden, was Sie für sich selber als richtig erkannt haben, geben Sie Ihre Macht her. Es ist Zeit, daß Sie sie wieder an sich nehmen.

Folgen Sie der Libelle bis zu dem Punkt in Ihrem Körper, an dem die Magie noch lebendig ist. Nehmen Sie einen tiefen Zug von ihrer Macht. Diese Stärke gehört Ihnen ja. Es ist die Macht, selber die Täuschung zu werden. Diese Fähigkeit ist ständig im Wandel und enthält das Wissen, daß *Sie es selber sind, der oder die alles schafft.*

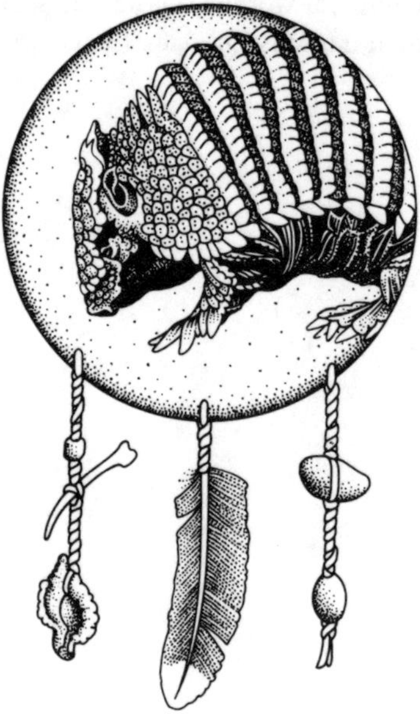

Gürteltier . . .
Befestige alle meine Grenzen,
Lehre mich meine Schilde.

Wirf die Verletzungen wie Strahlen zurück,
Damit ich mich nicht ergeben muß.

28
Gürteltier

GRENZEN

Das Gürteltier trägt seine Rüstung auf dem Rücken, seine Medizin ist Teil seines Körpers. Seine Sicherheitsgrenzen sind Bestandteil seines Wesens. Das Gürteltier kann sich zu einer Kugel zusammenrollen, und keiner seiner Feinde kann dann durch seine Panzerung hindurch an es herankommen.

Was für ein Geschenk doch die Fähigkeit ist, sich so abzugrenzen, daß böse Worte oder zerstörerische Absichten einfach abrollen. Ihr Lernprogramm besteht darin, selber zu bestimmen, welche Erfahrungen Sie zu machen bereit sind. Wenn Sie die Erfahrung vermeiden wollen, wie es sich anfühlt, wenn von außen in Sie eingedrungen wird, dann rufen Sie die Kraft des Gürteltiers.

Ein Hinweis darauf, wie man vorgehen könnte, ist leicht gegeben: zeichnen Sie auf ein Stück Papier einen Kreis. Das ist Ihr Medizin-Schild. In den Kreis schreiben Sie alles hinein, was Sie haben, lernen, erfahren möchten. Schließen Sie dabei alles mit ein, was Ihnen Freude bereitet. Damit setzen Sie die Grenzen, denn Sie bestimmen, daß nur diese Erfahrungen Teil Ihres Lebens werden. Diese Grenzen werden zu einem Schild, der alles, was Ihnen unerwünscht ist, abweist. Der Schild strahlt auf eine für andere unbewußte Ebene aus, *was Sie sind* und *was Ihr Wille ist*. Außerhalb des Schildes können Sie noch niederschreiben, was für Erfahrungen Sie zu machen bereit sind, »falls Sie dazu einladen werden«, z.B. den Besuch eines längst verloren geglaubten Verwandten oder Kritik von Freunden oder Geschenke an Bedürftige.

Wenn das Gürteltier in die von Ihnen ausgesuchten Karten gewatschelt ist, dann ist es an der Zeit, daß Sie Ihren Raum neu definieren. Es könnte sein, daß Sie allzu bereitwillig aus Ihrem

Haus ein Bahnhofsrestaurant gemacht haben. Vielleicht können Sie nicht mehr »nein« sagen, auch wenn Sie dann aus Gefälligkeit andere Pläne wieder abändern müssen. Damit können Sie schnell alt ausschauen. Sie sollten sich die folgenden Fragen beantworten:

1. Nehme ich genügend Rücksicht auf die Zeit, die ich zu meiner eigenen Erbauung brauche?
2. Behandeln andere mich wie einen Fußabtreter?
3. Warum ärgere ich mich so, wenn man mit mir ganz selbstverständlich rechnet?
4. Gibt es einen Grund dafür, daß ich der »Ja-Sager« bin?

Die Antworten auf diese Fragen helfen Ihnen, Grenzen zu ziehen: was werden Sie tun und was nicht? Was macht Ihnen ein Gefühl der Zufriedenheit und wobei fühlen Sie sich unwohl? Wie Sie auf eine Situation reagieren, hängt von Ihrer Fähigkeit ab, objektiv zu sein. Sie können nicht objektiv sein, wenn Sie nicht wissen, wo die Persönlichkeit des anderen endet und Ihre beginnt. Ohne Grenzen sind Sie wie ein Schwamm. Es will Ihnen erscheinen, als wären alle Empfindungen der Personen in einem Raum Ihre eigenen. Fragen Sie sich, ob Sie wirklich deprimiert sind, oder ob diese Empfindung eigentlich der Person gehört, mit der Sie gerade sprechen. Das Gürteltier soll dann seinen Panzer zwischen sich selbst und die andere Person gleiten lassen, damit Sie Ihr Selbstgefühl zurückbekommen.

AUF DEM KOPF STEHENDES GÜRTELTIER

Rollen Sie sich zusammen und verstecken Sie sich. Das ist, etwas sarkastisch ausgedrückt, die Botschaft des umgekehrten Gürteltiers. Sie denken wahrscheinlich, daß die einzige Möglichkeit, aus Ihrer augenblicklichen Situation erfolgreich hervorzugehen, die ist, daß Sie sich verstecken oder so tun, als seien Sie schwer gepanzert und uneinnehmbar. Aber das ist nicht der Weg, auf dem Sie wachsen. Es ist besser, wenn Sie sich öffnen und den Wert und die Stärke Ihrer Verletzbarkeit entdecken. Wenn Sie das tun, werden Sie eine wunderbare Erfahrung machen.

Verletzbarkeit ist der Schlüssel für den Genuß der Gaben, welche die körperliche Welt für uns bereithält. Indem Sie sich selbst Empfindungen zugestehen, stehen Ihnen plötzlich Abertausende von Ausdrucksmöglichkeiten offen. So ist ein ernst gemeintes Kompliment z.B. ein Energiefluß, der aus der Bewunderung kommt. Wenn Sie Angst davor haben, verletzt zu werden und sich vor jedem Gefühl verstecken, werden Sie niemals in den Genuß kommen, von anderen bewundert zu werden.

Der Schlüssel liegt dort, wo Sie zulassen, daß das Gürteltier Ihnen hilft, das Versteckspiel aufzugeben und Ihnen dabei seine Rüstung gibt, um die negativen Energien abzustrahlen. Auf diese Weise können Sie Gefühle, Handlungen oder Energieströme annehmen oder zurückweisen und brauchen sich nicht davor zu verstecken.

Das Gürteltier hat eine weiche Bauchseite, die aber geschützt ist, wenn die Grenzen richtig gesteckt sind. Je mehr Sie sich vor Ihren echten Gefühlen verstecken, Angst vor Versagen oder Zurückweisung haben, desto dringlicher brauchen Sie gußeisernen Schutz. Es liegt in Ihrer Hand, sich von diesen Zweifeln selbst zu befreien und die tiefsten Bereiche des Seins anzurühren. Sie wissen, daß Sie das Richtige tun. Ob Sie Kontakte pflegen, malen oder surfen – die Schöpfung gehört Ihnen. Die einzige Ablehnung, vor der Sie sich wirklich fürchten müssen, ist Ihre eigene Weigerung, aus der Rüstung, die zu Ihrem Schutz gedient hat, auch wieder auszusteigen. Wird der Schutz zu Ihrem Gefängnis? Sind Ihre Ängste der Grund des verschlossenseins?

Dachs . . .
Dachs . . .
Dachs . . .

Bis Du Dein Ziel erreichst,
Wisse um die innere Kraft
Die in Deiner Seele lebt.

29
Dachs

ANGRIFFSLUST

Der Dachs ist böse und greift mit Macht an. Der Dachs ist schnell verärgert und noch schneller schießt er los. Die Dachs-Medizin ist Angriffslust und die Bereitschaft, für das zu kämpfen, was er will. Allein die Vorstellung, dem Dachs begegnen zu können, bringt viele Tiere dazu, Deckung zu suchen. Wie beim Stinktier, so läuft auch dem Dachs sein Ruf voraus. Sein wild zischender Fang reißt weniger aggressive Gegner in kleine Stücke.

Der Dachs ist die Kraft vieler mächtiger Medizin-Frauen, denn er ist auch Hüter der Medizin-Wurzeln. Der Dachs hat alle Wurzeln aus dem Heilpflanzengarten von Mutter Erde in seiner Erdhöhlenwohnung vor sich. Diese Wurzeln sind ein Schlüssel beim angreifenden Heilen. Wurzeln können negative Energie erden, indem sie die Krankheit durch den Körper in den Boden leiten, wo sie neutralisiert wird. Menschen mit Dachs-Kraft handeln in Krisenfällen schnell und ohne Panik.

Wenn der Dachs zu Ihrer Medizin gehört, dann drücken Sie Ihre Gefühle ohne Zögern und ohne Rücksicht auf irgendwelche Folgen aus. Dachs-Menschen geben ungern den Ball ab, weil sie selber das Tor schießen wollen. Diese Haltung macht sie ihrer Mannschaft nicht sympatischer.

Dachs-Kraft kann auch auf den Heiler hinweisen, der sich traut, unkonventionelle Heilmethoden anzuwenden. Wie eine Mutter, die ihr fieberndes Baby tagelang pflegt, so hält auch der Mensch mit Dachs-Kraft durch.

Dachs-Leute können gemeine Schwätzer sein oder die kalte Schulter zeigen, wenn sie gerade schlecht gelaunt sind. Jedenfalls finden sie in ihrem Feld durch ihre Aggressivität an die Spitze, zumal sie auch nicht aufgeben. Es sind häufig die besten Heiler, weil sie wirklich jedes Mittel und jeden Weg probieren, um zum Ziel zu gelangen und weil sie auch den kritischsten Fall nicht aufgeben.

Eine Dachs-Person ist häufig der »Boß«, den jeder fürchtet, der allerdings auch den Betrieb am Laufen hält. Der Dachs macht die Arbeit bis zum Ende. Seine Gewißheit ist eine Quelle der Kraft.

Wenn der Dachs sich seinen Weg in Ihre Karten gebahnt hat, könnte er Ihnen sagen wollen, daß Ihre Anstrengungen, ein bestimmtes Ziel zu erreichen, zu mickrig waren. Er stellt Ihnen die Frage, wie lange Sie noch sitzen wollen und warten, bis Ihnen die Welt den Silberlöffel reicht.

Der Schlüssel dieser Kraft ist es, hinreichend angriffslustig zu werden, um an der augenblicklichen Situation etwas zu verändern. Der Dachs fordert Sie auf, in kreativer Weise ärgerlich zu werden und zu sagen: »Ich nehme das nicht mehr hin«. Sie müssen weitergehen, die Augen immer auf das Ziel gerichtet. Respektieren Sie den Heilungsprozeß, wenn Sie solchen Gefühlen Ausdruck geben.

Nützen Sie die Kraft des Angriffs, aber schneiden Sie die andern auf dem Weg nicht in Streifen – das ist zuviel Angriff. Nützen Sie Ihre Wut, um aus dem Dahindämmern herauszukommen und die apathische Niedergeschlagenheit zu überwinden. Dachs-Kraft ist, klug eingesetzt, eine machtvolle Medizin für die eigene Verbesserung.

Denken Sie daran, daß der Dachs eine Zeit ankündigen könnte, in der Sie Ihre Begabung zum Heilen einsetzen und dadurch im Leben einen Schritt weiter kommen könnten. Heilen Sie sich selbst, indem Sie angriffslustig alle Hindernisse beseitigen, die »nichts bringen«. Schneiden Sie die Äste zurück und suchen Sie mit Hilfe der Aggressivität des Dachses neue Ausdrucksformen. Nutzen Sie seine Medizin-Wurzeln, um bei alledem nicht den Boden unter den Füßen und das Gleichgewicht zu verlieren.

AUF DEN KOPF GESTELLTER DACHS

O weh! Da kommt der Dachs verkehrt herum und äußerst aufgebracht! Das könnte bedeuten, daß irgend jemand Sie zur Schnecke gemacht hat oder daß Sie selber Ihrem Ärger auf übertriebene Weise Luft gemacht haben. Wenn das so ist, dann denken Sie bitte daran, daß jeder Ärger aus der Wut gegen sich selber stammt. Es ist die Wut der Hilflosigkeit, die sich unsinnigerweise gegen andere richtet.

Wenn Sie sich über einen Kollegen ärgern, der Ihrem Chef erzählt hat, daß Sie sich nach einer anderen Arbeit umsehen, dann sind Sie in Wirklichkeit darüber verärgert, daß Sie Ihr Geheimnis nicht bei sich behalten konnten. Wenn Sie wütend darüber sind, daß die Kinder nicht gehorchen, dann stammt der Ärger meistens von der Sorge um das Wohlbefinden der Kinder. Dieser Ärger über sich selbst kommt auch bei »dusseligen Unfällen«, Stürzen, Schnittwunden, Kratzern oder anderem Herumstolpern auf.

Ein umgekehrter Dachs kann dazu führen, daß Sie darüber nachdenken, wo Ihre Hilflosigkeit ihren Grund hat. Sind Sie zu wenig angriffslustig oder ohne Initiative? Haben Sie Angst, ausgelacht oder herabgesetzt zu werden, wenn Sie mit einer neuen Idee ankommen? Sie sollten einmal bis zu Ihrer Eifersucht und Ihrem Neid auf andere Leute, die sich durch harte Arbeit an die Spitze boxen, vordringen.

Andersherum lehrt Sie der Dachs, daß Scheu und Unsicherheit, ebenso wie der falsche Gebrauch von Angriff, Fallen sind. Nehmen Sie Ihre Gefühle ernst. Vielleicht müssen Sie »Dampf ablassen«. Schreien und schlagen Sie in ein Kissen. Es wird helfen, die Dachs-Kraft ins Gleichgewicht zu bringen. Der Dachs kann eine schwierige Medizin sein, und wenigen Menschen ist es gegeben zu lernen, wie sie richtig eingesetzt werden kann.

In einem anderen Zusammenhang könnte der umgekehrte Dachs Sie dazu auffordern, Kräuter und Wurzeln zu benützen, um Ihren Körper zu heilen. Er kann Sie auch darauf aufmerksam machen wollen, daß Sie die aggressive Kreativität einer anderen

Person für Ihre eigene Zündung brauchen. In jedem Fall spricht der umgekehrte Dachs von mehr Angriffsfreude in Ihrem Leben. Wenn Sie weiterhin inaktiv bleiben, wird daraus irgendeine schmerzliche Erfahrung wachsen.

Ängstlicher, kleiner Hase . . .
Trenne Dich von Deiner Angst.

Weglaufen hält den Schmerz nicht an,
Und so wird Dunkelheit nicht zu Licht.

30
Hase

FURCHT

Vor langer Zeit – niemand weiß genau wie lang – war der Hase ein tapferer und furchtloser Krieger. Der Hase war mit Wanderauge, einer Hexe, befreundet. Die beiden verbrachten viel Zeit miteinander, unterhielten sich viel und teilten alles. Sie waren sich sehr nah.

Eines Tages machten der Hase und Wanderauge miteinander eine längere Reise. Unterwegs setzten sie sich hin, um auszuruhen. Der Hase sagte: »Ich bin durstig.« Wanderauge hob ein Blatt auf, blies hinein und reichte dem Hasen einen Kürbis voll Wasser. Der Hase trank das Wasser, sagte aber nichts. Dann sagte der Hase: »Ich bin hungrig.« Wanderauge nahm einen Stein auf, blies hinein und verwandelte den Stein in eine Rübe. Sie gab dem Hasen die Rübe zu essen. Der Hase probierte und aß sie mit Lust auf. Aber er sagte immer noch nichts.

Die beiden setzten ihren Weg fort und kamen in die Berge. Als sie fast oben waren, rutschte der Hase aus, fiel hin und rollte hinunter bis fast an den Fuß des Berges. Der Hase war sehr schlimm beieinander, als Wanderauge ihn fand. Sie gab ihm eine Zaubersalbe, die seine Schmerzen linderte und seine gebrochenen Glieder heilte. Wieder sagte der Hase nichts.

Einige Tage danach wollte Wanderauge ihren Freund besuchen. Sie suchte ihn oben und unten – er war nirgends zu finden. Schließlich gab sie auf. Eines Tages aber, ganz zufällig, begegnete sie ihm. »Warum meidest du mich und versteckst dich sogar vor mir, Hase?« wollte die Hexe wissen.

»Ich fürchte mich vor dir. Ich habe Angst vor Zauberei« antwortete der Hase zusammengekauert. »Laß mich in Ruhe!«

»Ich verstehe,« sagte Wanderauge, »ich habe meine magischen Kräfte einzig für Dich eingesetzt, und jetzt wendest du dich gegen mich und verweigerst mir die Freundschaft.«

»Ich will nichts mehr mit dir oder deinen magischen Kräften zu tun haben,« antwortete der Hase. Er sah noch nicht einmal die Tränen, die seine Worte in ihre Augen trieben und fuhr fort: »Ich hoffe, daß wir uns nie mehr wieder begegnen.«

»Hase,« sagte die Hexe, »Wir waren einmal unzertrennliche Freunde, aber das ist nun vorbei. Ich könnte dich mit meinen Kräften zerstören, aber der Vergangenheit zuliebe und wegen der Medizin, die wir uns gegenseitig geschenkt haben, werde ich das nicht tun. Aber ich werde einen Fluch auf dich und dein Geschlecht legen. Vom heutigen Tag an wirst du deine Ängste rufen, und deine Ängste werden zu dir kommen. Sei auf der Hut, denn die süße Medizin, die uns verbunden hat, als wir noch Freunde waren, ist jetzt gebrochen.«

Jetzt ist der Hase der Angst-Rufer. Er geht hinaus und ruft: »Adler, ich habe solche Angst vor dir!« Wenn der Adler ihn nicht hört, ruft der Hase noch lauter: »Adler, komm mir nicht zu nahe!« Der Adler, der ihn jetzt hört, kommt und frißt ihn auf. Der Hase ruft auf diese Weise Luchse, Wölfe, Koyoten und sogar Schlangen so lange, bis sie kommen.

Wie diese Geschichte zeigt, sind Menschen mit der Kraft des Hasen derart ängstlich, daß irgendeine Tragödie, Krankheit, Katastrophe, irgendein »Gefangen-Werden« sie ereilen könnte, daß sie diese Ängste zu sich rufen, damit sie ihnen eine Lektion erteilen. Der Grundton ist: wem Sie widerstehen, das besteht, oder: was Sie am meisten befürchten, tritt am ehesten ein.

Das ist die Lektion. Wenn Sie den Hasen gezogen haben, hören Sie auf, grausame Ereignisse an die Wand zu malen und streichen Sie die Worte: »Was passiert aber, wenn..« aus ihrem Vokabular. Die Karte verweist auf eine Zeit, in der Sie sich über die Zukunft sorgen oder versuchen, über etwas, das noch gar keine Form angenommen hat – noch in der Zukunft liegt – Kontrolle auszuüben. *Hören Sie damit auf!* Jetzt gleich! Schreiben Sie

Ihre Ängste nieder und stellen Sie sich darauf ein, sie zu spüren. Führen Sie Ihren Atem in sie hinein und spüren Sie, wie sie durch Ihren Körper hindurch in Mutter Erde hineinfahren wie etwas, das Sie mit Leichtigkeit weggeben.

AUF DEM KOPF STEHENDER HASE

Das Gefühl völliger Lähmung, das den Hasen befällt, wenn er gestellt ist, entspricht dem umgekehrten Hasen. Wenn Sie sich um eine Lösung bemüht haben und gescheitert sind, dann kann es sein, daß Sie sich wie eingefroren fühlen. Das könnte auf eine Zeit deuten, in der Sie darauf warten müssen, daß neue Kräfte aus dem Universum Ihnen zu Hilfe kommen. Es könnte auch die Notwendigkeit einer Ruhepause andeuten. Es wird jedenfalls immer auf eine Zeit hinweisen, in der Sie neu einschätzen müssen, in was für einem Prozeß Sie sich derzeit gerade befinden, und wo Sie sich von negativen Empfindungen, inneren Schranken und Härten befreien sollten. Einfach ausgedrückt können Sie nicht damit rechnen, daß Ihr Einfluß sich bemerkbar macht, bevor Sie nicht eine neue Sichtweise Ihrer gegenwärtigen Umstände gewonnen haben.

Es gibt immer einen Weg aus einer Situation, weil die Kräfte des Universums ständig in Bewegung sind. Ihr Erfolg hängt davon ab, wie Sie Ihre Probleme handhaben.

Lassen Sie sich von dem Hasen einen Tip geben. Graben Sie sich ein sicheres Loch, wo Sie sich selbst pflegen und Ihre Ängste fahrenlassen können bis die Luft wieder rein ist, um auf die Wiesen und Felder hinauszugehen, wo dann keine Vagabunden mehr herumlungern, die es auf ein saftiges Stück von Ihrer Energie abgesehen haben.

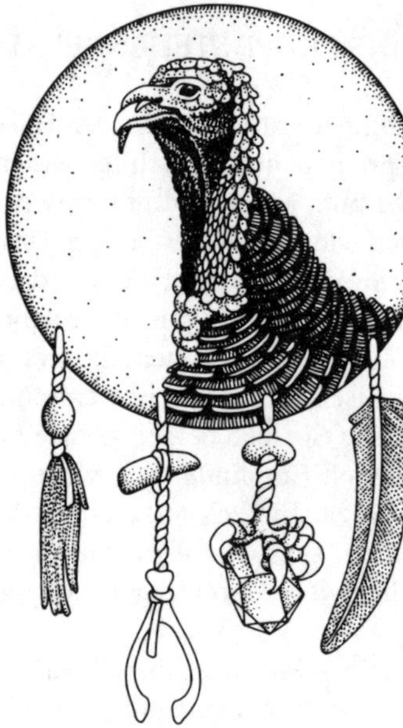

Ho, Bruder Truthahn!
Wie großzügig Du gibst,
Von allem, was Du bist,
Damit die anderen leben.

31
Truthahn

WEGGEBEN

Von vielen eingeborenen Stämmen wird der Truthahn als der Adler, der sich herschenkt oder der Süd-Adler betrachtet. Sehr viele Stämme kennen und praktizieren den Gedanken des Weggebens. Einfach ausgedrückt handelt es sich um die tiefe und dauernde Anerkennung des Opfers, wobei man sich selbst ebenso wie andere opfert. Die modernen Menschen, die ein Vielfaches von dem besitzen, was sie brauchen, sollten sich an dem edlen Truthahn ein Beispiel nehmen, der sich selbst opfert, damit andere leben können. Durch den Tod des Truthahns wächst uns Leben zu. Erweisen wir dem Truthahn unsere Achtung.

Zuschauer bei den sogenannten »Potlach-Festen«, die mit dem kulturellen Phänomen des feierlichen Weggebens nicht vertraut sind, haben häufig Schwierigkeiten, den Vorgang zu begreifen. Ein Stammesmitglied gibt z.B. mit großer Leichtigkeit all seine Habe weg, um anderen damit zu helfen. Im modernen Großstadtleben ist die Devise ganz umgekehrt: anschaffen und vorwärtskommen. Wer die meisten Spielsachen hat, gewinnt. Aber es gibt Kulturen, in denen niemand gewinnt, bevor nicht die Bedürfnisse des *ganzen* Volkes befriedigt sind. Eine Person, die mehr für sich beansprucht als ihren Anteil, wird als selbstsüchtig oder verrückt angesehen, oder beides. Die Armen, die Alten und die Schwachen werden geachtet. Wer am meisten weggibt und die größten Lasten für die Gemeinschaft auf sich nimmt, gehört zu denen, die am höchsten geachtet werden.

Der Truthahn war die Medizin von vielen Heiligen und Mystikern. Wenn Sie Truthahn-Kraft haben, ist das ein Grund zu feiern. Sie haben viele Tugenden. Sie haben Ihr Selbst überstiegen. Sie handeln und reagieren im Sinne der anderen. Sie streben danach, denen zu helfen, die es brauchen. All dies geschieht nicht aus einem selbstgerechten Moralismus oder religiösen Schuldkomplex heraus, sondern aus der Erkenntnis, daß das Leben heilig ist. Es beruht auf der Einsicht, daß der Große Geist in allen Menschen wohnt. Es lebt von der Gewißheit, daß das, was für andere getan wird, für einen selbst getan ist. Truthahn-Kraft ruht im wahren Ego, in der Erleuchtung. Anderen Gutes tun und den Menschen Nahrung geben ist die Botschaft aller wirklich spirituellen Systeme.

Ganz gleich, unter welchem Gesichtspunkt der Truthahn in Ihren Karten auftaucht, Sie erhalten damit jedenfalls ein Geschenk. Das Geschenk kann geistiger, materieller oder auch intellektueller Natur sein, es kann groß oder klein sein, aber es ist niemals bedeutungslos. Wir gratulieren. Sie können in der Lotterie gewonnen haben. Oder Sie erleben einen wunderschönen Sonnenuntergang oder den Duft einer wohlriechenden Blume. Auf der anderen Seite könnte es sein, daß der »Geist des Weggebens« in Ihnen zu wachsen beginnt. Er möchte vielleicht, daß Sie mit anderen teilen.

AUF DEM KOPF STEHENDER TRUTHAHN

Die Karte des Truthahns verkehrt herum zu ziehen, gibt Anlaß zu mehreren Fragen: Kollern Sie über alles und jedes aus reiner Verlustangst? Halten Sie alles etwas zu fest und weigern sich, einen Groschen für einen guten Zweck zu opfern? Hat sich der Geizhals in Ihnen an die ärmlichen Verhältnisse in der Welt gewöhnt? Wenn das nicht der Fall ist, sollten Sie einmal den Gedanken ins Auge fassen, daß Sie Angst vor dem Geld-Ausgeben haben. Ein anderer Gesichtspunkt, der beim umgekehrten Kollerer aufkommt, ist der, daß Sie das Gefühl haben, die Welt schulde Ihnen noch etwas, so daß Sie keine Veranlassung sehen, die Energie weiterzuleiten. »Taler, Taler, du mußt wandern« heißt dann lediglich, daß er auf Ihr Konto wandern soll. Der Schlüssel hier ist auf allen Ebenen der gleiche: Sie vernachlässigen die Großzügigkeit des Geistes. Das kann sich ebenso gegen Sie selbst wie gegen andere richten.

Denken Sie daran, niemals zu geben, um zu bekommen. Das wäre Manipulation. Geben soll ohne Bedauern und mit freudigem Herzen geschehen, weil das »Weggeben« sonst seine wahre Bedeutung verloren hat.

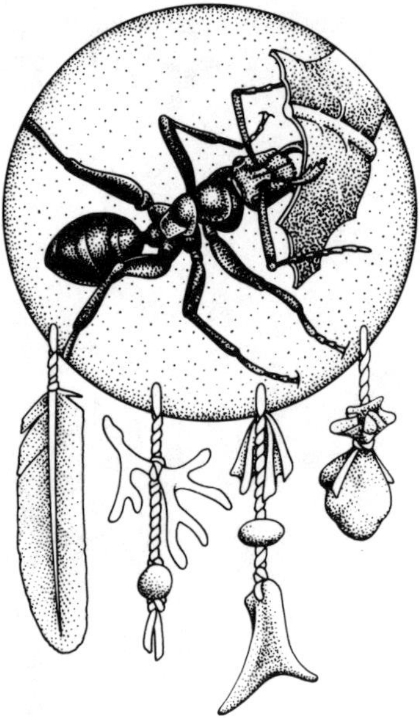

Oh winzige Ameise . . .
Wie die Sanddünen der Zeit
wächst Deine Geduld.

Kann ich lernen, wie Du zu sein?
Oder ist das für mich zu fein?

32
Ameise

GEDULD

Die Ameise kann ein Blatt Hunderte von Kilometern weit transportieren, wenn es darum geht, es zum Ameisenhaufen zurückzubringen. In Afrika gibt es Ameisen, die einen ganzen Wald kahlfressen, wenn das Futter knapp wird, auch wenn sie ein Jahr damit beschäftigt sind. Ameisen-Medizin ist die Strategie der Geduld. Die Ameise ist ein Baumeister wie der Biber, angriffslustig wie der Dachs, ausdauernd wie der Wapiti, genau wie die Maus und großzügig wie der Truthahn.

Jede Ameise im Hügel ist Teil des Ameisen-Gruppenbewußtseins, denn alle Ameisen arbeiten für die Ameisenkönigin und den Ameisenstaat. Selbstaufopferung ist Teil der Ameisen-Medizin. Stärker aber als jede andere Ameisen-Kraft ist die Geduld.

Ameisen-Leute sind aktive, Gruppen-orientierte Menschen, die sich um die zukünftigen Belange und Bedürfnisse ihrer Stadt kümmern. Sie sind Planer wie die Eichhörnchen und nehmen dankbar zur Kenntnis, wenn ihre Vorstellungen schrittweise verwirklicht werden. Heutzutage ist das eine immer seltenere Erscheinung.

In der Wüste gibt es eine Ameisenart, die sich konisch nach unten zulaufende Höhlen in den Sand gräbt. Sie bedeckt sich mit Sand und wartet geduldig darauf, daß irgendein ahnungsloses Insekt hineinfällt. Der Sand gerät ins Rutschen, die Beute fällt in die Tiefe und findet dort nichts vor als den offenen Kiefer der Ameise. Geduld zahlt sich aus!

Ameisen-Leute wissen um den süßen Sieg am Ende der Strecke. Sie kennen nicht die Sorge, »leer auszugehen«, wenn sie bei einem Ausverkauf etwas später eintreffen. Wenn das, was sie wollten, verkauft ist, dann sind sie sicher, daß es noch etwas gleich Gutes oder Besseres geben wird.

Wenn Sie Ameisen-Kraft haben, dann essen Sie langsam und überlegt, und Sie sind zufrieden, weil Sie wissen, daß das, was Ihnen zusteht, auch zu Ihnen kommen wird. Dieses Wissen ist gute Medizin. Es zeugt von dem Vertrauen, daß das Universum seine Vorsorge trifft.

Wenn die Ameise heute in Ihre Karten gelaufen ist, dann sollen Sie Ihrem Leben irgendwo etwas mehr Vertrauen und Geduld entgegenbringen. Sie könnten vergessen haben, daß Sie immer bekommen werden, was Sie brauchen, und zwar dann, wenn Sie es am dringendsten brauchen. Wenn es noch nicht am Horizont oder beim nächsten Ameisenhügel aufgetaucht ist, müssen Sie vielleicht etwas strategisch vorgehen. Wie können Sie Ihre schöpferische Kraft einsetzen, um die Zeit zu überbrücken, bis »es« – was immer dies ist – kommt?

Die Ameise arbeitet für das Wohl des Ganzen. Tun Sie das auch? Wenn ja, dann können Sie sicher sein, daß das Ganze auch an Ihrem Wohl interessiert ist und sich dafür einsetzt.

AUF DEM KOPF STEHENDE AMEISE

Vorsicht! Gleich beißt's! Wenn Sie in Eile sind, können Sie leicht in die Hände derer fallen, die nicht für das Wohl der ganzen Menschheit arbeiten. Diese Individuen, die aus der Habgier einen Lebensstil machen, zehren von der Furcht und der Eile all derer, welche die Gesetze der Natur und die Stammesregeln vergessen haben. Das ist leichte Beute. Falls es auf Sie zutrifft, achten Sie auf Ausnützer und Betrüger, die sich Ihr Vertrauen erschleichen.

Die umgekehrte Ameise legt Ihnen nahe, die Naturgesetze zu achten. Wenn Sie das tun, werden Sie mit Harmonie belohnt. Ihre törichte Ungeduld bringt nur den Koyoten auf den Plan, der Ihre Pläne für die Zukunft mit Ihrer eigenen Hilfe sabotiert, wenn Sie es zulassen, daß Panik Ihre vernünftige Empfindsamkeit außer Gefecht setzt.

Der Schlüssel hier ist, den Willen des Großen Geistes zu respektieren, nach welchem Berge nicht aus Ameisenhügeln gemacht sind.

Wiesel . . .
Wiesel . . .
Wiesel . . .

Bist das im Hühnerstall Du?
Wenn ich Dich fragen könnte,
Würdest Du sagen,
Es war die Kuh.

33
Wiesel

VERBORGENHEIT

Das Wiesel verfügt über eine ungeheure Energie und großen Erfindungsreichtum, aber es ist ein schwieriges Macht-Totem. Nicht zufällig tragen Könige Hermelin- und Wieselpelze. Das Wiesel hört, was die Leute wirklich sagen. Das ist eine große Begabung. Das Wiesel schaut hinter die Masken und erkennt mit einem Blick die vielen Verästelungen, die zu einem Ereignis gehören. Auch das ist eine seltene Begabung.

Die Häuptlinge schickten das Wiesel in das Lager der Feinde, um ihre Macht auszukundschaften. »Was für eine Medizin haben sie«, fragten die Häuptlinge, als das Wiesel zurückkam.

Das Wiesel gab immer ganz genau Auskunft über die Zahl der Gegner, über ihre Stärken und ihre Schwächen. Es war auch damals das Wiesel, das den Eingeborenen mit Tränen in den Augen von der Ankunft der weißen Boot-Menschen berichtet hatte. »Diese Brüder«, sagte das Wiesel, »haben sehr eigenartige neue Medizin. Sie werden uns sagen, daß unsere Lebensform nicht die richtige ist. Sie werden uns mit ihrem bellenden Sprechen verunsichern. Sie haben von Vater Himmel den Donner gestohlen und ihn in ihre Waffen hineingesteckt. Sie haben keinerlei Respekt vor den Tierbrüdern und -schwestern, sondern lassen ihren Donner zu ihnen sprechen und töten sie damit. Sie werden den Donner auch zu uns sprechen lassen. Es sind so viele, daß man sie nicht zählen kann, und diese weißen Brüder werden uns alles stehlen, außer unserem Geist. Der große, schwarze Schatten des gefräßigen Todesvogels liegt über unserem Volk.«

Die Farbe des Wieselpelzes verändert sich mit den Jahreszeiten. Das schweigsame Wiesel hält viele Lektionen für uns bereit.

Das Wiesel wäre in der Lage, den Großen Geist zu verwirren, als Taschendieb ihn zu beklauen und ihn dann in tiefer Betrachtung seines göttlichen Nabels zurückzulassen. Wenn das Wiesel Ihre persönliche Medizin ist, dann haben Sie eine scharfe Beobachtungsgabe. Es ist als wollten Sie sagen: »Laßt mich in Ruhe, ich lasse Euch auch in Ruhe«. Manchmal sieht es so aus, als fühlten Sie sich mitschuldig für das, was Sie aus Ihrer Beobachtung des Lebens vom Leben wissen. Sie könnten ein Einzelgänger sein, der sich von den andern fernhält oder sogar ein Eremit. Sie sind ein machtvoller Verbündeter im Geschäftsleben, weil Sie immer wissen, was die Konkurrenz macht. Leute, die Sie einzuschätzen versuchen, können leicht den Fehler machen, Sie zu unterschätzen. Aber in dem Moment, wo sie versuchen, schlauer zu sein als Sie, werden sie feststellen, daß Ihre Intelligenz überlegen ist.

Wenden Sie sich an die Wiesel-Kraft, um zu erfahren, welches die »geheimen Gründe« für irgendetwas sind. Manche Menschen können Leute mit Wiesel-Kraft nicht leiden, aber es gibt keine schlechte Medizin. Wir haben alle irgendwelche Kräfte, sonst wären wir nicht hier, um Mutter Erde zu heilen. Wenn Sie Wiesel-Kraft haben, können Sie vielleicht Ihre verborgenen Begabungen für das Wohl aller einsetzen. Achten Sie darauf, wer oder was Aufmerksamkeit nötig hat oder Hilfe bei der Lösung von Problemen braucht. Bieten Sie Ihre Hilfe auf die Ihnen eigene, stille und diskrete Art an.

AUF DEM KOPF STEHENDES WIESEL

Steht das Wiesel in Ihren Karten auf dem Kopf? Wenn ja, dann sollten Sie sich vor Intrigen in Acht nehmen. Irgend jemand benutzt möglicherweise heimliche Taktiken, um sich ins Hühnerhaus hineinzuwieseln. Vielleicht sollten Sie Ihr Haus zusperren und Ihre heranwachsenden Töchter in Nonnenkleider stecken. Möglicherweise belügen Sie sich aber auch nur selbst und wissen genau, daß es nicht stimmt. Beispielsweise könnten Sie sich um drei Uhr morgens heißhungrig über den Eisschrank hermachen und sich einreden, daß wirklich niemand einen halben Kuchen vermissen wird. Wenn Sie ein fremdes Auto beschädigen, hinterlassen Sie bitte eine Notiz. Schleichen Sie sich nicht davon, nur weil Sie nicht gesehen werden. Ehrlichkeit sich selbst und anderen gegenüber ist von ganz überragender Wichtigkeit.

Eine andere Botschaft des umgekehrten Wiesels ist, den Grund dafür anzuerkennen, daß Sie in letzter Zeit Ihren eigenen Gefühlen nicht trauen. Das Wiesel beobachtet mit hellwachen Sinnen alle Handlungen, Empfindungen und Situationen. Ein umgekehrtes Wiesel verweist auf vernebelte Sinneseindrücke und Konfusion. Wenn Sie nicht wissen, wie Sie empfinden sollen oder was um Sie herum geschieht, wird der Zweifel die Schranke für Ihre Entwicklung. Sie werden an dem Punkt spüren, wie ein paar Wahnideen Ihr Leben plötzlich verunsichern.

Wenn Sie wieder Herr der Lage werden wollen, dann schütteln Sie erst einmal die Stumpfheit ab und nutzen Sie Ihren Kopf, um das Naheliegende zu beobachten. Wenn Sie auf Ihre Schritte achten, kann niemand Sie hereinlegen. Schätzen Sie Ihr Wissen nicht gering, suchen Sie die »verborgenen Gründe« zu verstehen und bleiben Sie diskret.

Präriehuhn . . .
Von der heiligen Spirale,
Führst Du uns immer weiter,
Damit wir die ewigen Höhen erreichen,

Wo wir eins sein können.

34
Präriehuhn

DIE HEILIGE SPIRALE

Große Schwärme von Präriehühnern hat es einmal in allen Teilen Nordamerikas gegeben, aber heute taucht dieser Vogel nicht einmal mehr in der Prärie auf, wo er immer in reicher Fülle vorkam. Viele Prärie-Indianer-Stämme tanzen einen Tanz, der nach diesem Vogel benannt ist, um ihn damit zu ehren. Die Bewegung dieses Tanzes hat die Form einer Spirale, die ein altes Symbol für Geburt und Wiedergeburt ist: der wellenförmige Tunnel der ewigen Wiederkehr.

Die heilige Spirale ist auch eines der altehrwürdigsten Symbole persönlicher Macht. Viele, die eingeführt und auf der Suche nach Visionen sind, malen sich Spiralen auf ihre Körper, weil sie glauben, daß das Große Geheimnis sie dann bevorzugt mit Visionen von Kraft und Ziel beschenken werde.

Die Derwische der wirbelnd tanzenden Sufi-Tradition sind wahre Meister des spiralförmigen Tanzes, und durch die ständige Wiederholung dieser heiligen Bewegung erreichen sie höhere Bewußtseinsstufen. Man sagt, daß Derwische in das Zentrum der Spirale reisen können und mit irgendeiner magischen Kraft ihrer Wahl wieder zurückkehren. Im Zustand des Derwischs geht man in das Große Schweigen hinein und hat dort direkte Verbindung zum Schöpfer. Indem der Derwisch sich im Uhrzeigersinn oder entgegen dem Uhrzeigersinn herumwirbeln läßt, zieht er bestimmte Energien an oder stößt sie ab. Sufi-Tanz ist ein System, das den Tänzer durch den rituellen Umgang mit der Bewegung mit dem göttlichen Ursprung verbindet. Wenn Sie die Kraft des Präriehuhns in Ihren Karten haben, sollten Sie darüber meditieren, welche Bedeutungen die verschiedenen Bewegungen haben, die Ihre Welt definieren. Beginnen Sie damit, sich vorzustellen, wie die Sonne als einer von unendlich vielen Sternen in dem gewaltigen, wie ein Feuerrad geformten Milchstraßensystem herumwirbelt. Entziehen Sie sich dann in Gedanken wieder dem feurigen Lichtrad und begeben Sie sich in die doppelte Spirale Ihrer Chromosomen, die aussehen, als hätte man eine Strickleiter zu einem Korkenzieher gedreht.

Analysieren Sie die Art und Weise, wie Sie sich durch die Welt bewegen. Wie sehen Sie sich selber in diesem Prozeß der Ortsveränderung? Was für Reaktionen beschwören Sie herauf durch die Art, wie Sie Energie in das Universum lenken? Welche Worte fallen Ihnen ein als Beschreibung Ihrer Bewegung durch die körperliche und die geistige Welt? Wenn Sie es genau betrachten, ist dann Ihre Bewegung mit Ihren höchsten Wünschen und Zielsetzungen vereinbar?

Viele geistige Schulen verlangen die Aufgabe aller äußerer Bewegung als Voraussetzung für die Begegnung mit dem inneren Leben. Demgegenüber ist die Kraft des Präriehuhns eine Einladung zu tanzen. Das Präriehuhn feiert seinen göttlichen Ursprung durch seinen Tanz der heiligen Spirale und macht Ihnen diesen Tanz zum Geschenk. Sie können ein Leben damit zubringen zu lernen, was das Präriehuhn Ihnen darüber zu sagen hat, wie man seinen Tanz mit den Kreisläufen von Mutter Erde in Einklang bringen und wie man ihn darbringen kann: als Schöpfung selbstvergessener Schönheit.

AUF DEM KOPF STEHENDES PRÄRIEHUHN

Das umgekehrte Präriehuhn signalisiert Zerstreuung von Energie und Mangel an Kontrolle und Disziplin. Es symbolisiert den Kontaktverlust mit dem Ursprung und einen Mangel an Orientierung für eine überschäumende Energie. Sie haben das Gefühl zu trudeln oder vom Abwasser mitgerissen zu werden. Stellen Sie sich dem Durcheinander, das entweder in Ihnen selbst oder in anderen liegt, die zu Ihrem Bild dazugehören. Prüfen Sie, wie es dazu kommen kann, daß Ihre Energie Reibung erzeugt, Funken schlägt oder eine Situation, die Klärung braucht, nur noch verwickelter macht. Arbeiten Sie daran, Ihre Energie nutzbar zu machen und auf klar definierte Ziele auszurichten. Das entspricht dem Tanz des heiligen Präriehuhns.

Wenn Sie diesen heiligen Tanz als Mittel nutzen, das umgekehrte Präriehuhn wieder in die richtige Lage zu bringen, finden Sie dabei wahrscheinlich schnell heraus, daß es ein sehr gutes Mittel für Sie ist, Ihre Mitte wiederzufinden und sich zu erden. Indem Sie sich erden, stellen Sie wieder einmal die Verbindung zu Mutter Erde her und schaffen einen Ausgleich für den Wirbel in Ihrem Kopf. Wenn Sie mit einer Idee oder einem Problem so verwickelt sind, daß Sie nicht mehr klar sehen, fühlen Sie sich wahscheinlich benebelt und unfähig, sich zu konzentrieren. Das ist ein Zeichen, daß Sie sich in der Gedankenwelt aufhalten und keinen Boden unter den Füßen haben. Daher brauchen Sie Erdung.

Tanzen oder Gehen bringt Sie auf die Erde zurück und stellt den Bezug zu Ihrem Körper wieder her. Wenn das so weit ist, kann das Präriehuhn Sie lehren, wie Sie die Energieflüsse wahrnehmen können, die Sie mit Ihrem Verstand und Ihrem Geist in Harmonie und Gleichgewicht bringen.

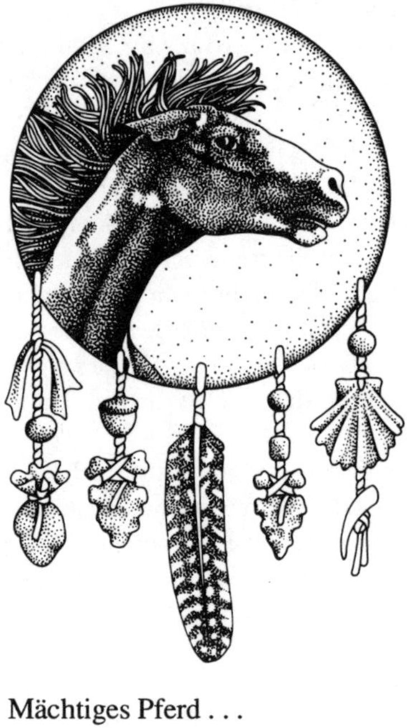

Mächtiges Pferd . . .
Kraftvoller Lauf
Über die weite Steppe.

Oder die Gabe der Vision
Von tanzenden Schilden
In lila Traumregen.

35
Pferd

KRAFT

»Pferde stehlen ist Kraft stehlen« sagte man häufig im alten Amerika, und man bekundete damit die Hochschätzung, die das Pferd in der indianischen Kultur genoß.

Das Pferd steht zugleich für physische Kraft *und* unirdische Macht. Überall in der Welt, wo es schamanische Traditionen gibt, steht das Pferd für die Macht des Schamanen, sich in die Lüfte zu erheben und zum Himmel zu gelangen.

Als die Menschen das Pferd zähmten, war das ein gewaltiger Entwicklungsschritt für die Menschheit, vergleichbar der Entdekkung des Feuers. Vor jener Zeit waren die Menschen erdgebundene, schwerbeladene und langsame Kreaturen. Vom Moment an, wo sie auf den Pferderücken kletterten, wurden sie frei und geschwind wie der Wind. Sie konnten nun große Lasten mit Leichtigkeit über weite Strecken tragen. Durch ihre ganz besondere Beziehung zum Pferd veränderten die Menschen ihr Selbstverständnis in einem bis dahin unerhörten Ausmaß. Das Pferd war die erste Tier-Medizin der Zivilisation. Die Menschheit ist dem Pferd für die neue Medizin, die es gebracht hat, in einem Maße Dank schuldig, die jenseits aller Meßbarkeit liegt. Wenn das Pferd den Menschen auf seinem Rücken nicht angenommen hätte, müßten wir weit laufen, um unsere Brüder und Schwestern zu sehen. Noch heute drücken wir, in Erinnerung an die Zeit, in der das Pferd des Menschen hochgepriesener und geehrter Partner war, die Kraft eines Motors in Pferdestärken aus.

Traumwanderer, ein Medizinmann, wanderte einmal über die Steppe, um das Arapaho-Volk zu besuchen. Er trug die Pfeife bei sich, und seine Feder, die in seinem langen schwarzen Haar steckte, zeigte nach unten zum Zeichen, daß er ein Mann des Friedens war. Am Fuß eines Hügels bemerkte Traumwanderer, wie eine Herde wilder Präriepferde auf ihn zu galloppierten.

Schwarzer Hengst kam auf ihn zu und fragte ihn, ob er auf seiner Reise eine Antwort suche. Schwarzer Hengst sagte: »Ich komme von der Leere, wo die Antwort wohnt. Reite auf meinem Rücken und lerne die Macht kennen, die darin liegt, in Dunkelheit einzutreten und Licht zu finden.« Traumwanderer dankte Schwarzem Hengst und versprach, ihn in der Traumzeit aufzusuchen, sobald er seine Kraft brauchte.

Als nächster näherte sich Gelber Hengst und bot an, Traumwanderer nach Osten zu tragen, dorthin, wo die Erleuchtung lebt. Traumwanderer könne die Antworten, die er dort finden werde, anderen weitergeben und so zu ihrer Erleuchtung beitragen. Traumwanderer bedankte sich wieder und sagte, er werde auf seiner Reise bestimmt von diesen Geschenken der Kraft Gebrauch machen.

Jetzt näherte sich Roter Hengst. Er bäumte sich verspielt auf und erzählte von dem Vergnügen, das darin liegt, Arbeit und gewichtige Medizin mit der frohen Erfahrung des Spiels auszugleichen. Er erinnerte Traumwanderer daran, daß es leichter ist, die Aufmerksamkeit seiner Zuhörer für wichtige Mitteilungen zu fesseln, wenn man immer wieder Humor einfließen läßt. Traumwanderer dankte ihm ebenfalls und versprach, das Geschenk der Freude nicht zu vergessen.

Traumwanderer näherte sich seinem Bestimmungsort. Das Volk der Arapaho war nicht mehr weit entfernt. Da kam Weißer Hengst an die Spitze der Herde. Traumwanderer stieg auf seinen Rücken. Weißer Hengst war der Träger der Botschaften von allen anderen Pferden und stand für die zur Macht gelangten Weisheit. Dieses wunderbare Pferd war die Verkörperung des ausgewogenen Medizin-Schilds. »Kein Mißbrauch von Macht wird jemals zu Weisheit führen«, sagte Weißer Hengst. »Du, Traumwanderer, hast diese Reise unternommen, um einem Bruder zu helfen, die heilige Pfeife mit ihm zu rauchen und Mutter Erde zu heilen. Aus deiner Demut heraus hast du das Wissen, daß du ein Instrument des Großen Geistes bist. So wie ich dich auf meinem Rücken trage, trägst du die Sorgen der Leute auf deinem. Voller Weisheit hast du verstanden, daß Macht nicht leichthin vergeben wird, sondern eine Auszeichnung derjenigen ist, die bereit sind, auf ausgeglichene Weise Verantwortung zu übernehmen.

Traumwanderer, der Schamane, ist durch den Besuch der wilden Pferde geheilt worden, und er wußte, daß der Zweck seines Besuchs bei den Arapaho darin bestand, ihnen diese Geschenke weiterzugeben.

Um die Kraft des Pferd zu begreifen, müssen Sie versuchen, ein ausgewogenes Medizin-Schild zu haben. Wahre Macht liegt in der Weisheit, die sich an die ganze Reise erinnert. Weisheit kommt auch von den Wegstrecken, die Sie in den Schuhen von anderen zurückgelegt haben. Mitgefühl, Fürsorge, Lehren, Liebe, Schenken, Teilen sind die Tore zur Kraft.

AUF DEM KOPF STEHENDES PFERD

Wenn sich Ihnen Ihr Ego in den Weg gestellt hat, kann es sein, daß Sie versäumt haben zu bemerken, daß andere Ihnen zu wenig Achtung entgegenbringen. Oder Sie kämpfen mit anderen, die ihre Macht mißbrauchen. »Soll ich etwas sagen? Soll ich mein Bedürfnis, sie auf ihren Platz zu verweisen, unterdrücken?« so fragen Sie sich vielleicht. Erinnern Sie sich an Zeiten, in denen Sie selber der Gnade des Großen Geistes verlustig gewesen sind, dann können Sie die Probleme der anderen besser nachempfinden. Wenn Sie jemanden mit Ihrer Macht überwältigen oder sich selber überwältigt fühlen, dann ist Pferde-Kraft (richtig herum ganz genauso wie verkehrt herum) jeweils eine Mahnung, Ihre Medizin-Schilde im Gleichgewicht zu halten.

Wenn Sie sich zugestehen, daß alle Wege gleich viel wert sind, sehen Sie vor sich die Macht und den Ruhm der vereinigten Menschheitsfamilie. Das ist das Geschenk der Regenbogen-

Krieger. In diesem wirbelnden Regenbogen, der von dem Großen Geheimnis seinen Ausgang nimmt, hat das »Ich« keinen Platz. Es wird ersetzt durch das «Wir«. Alle Farben des Regenbogens und alle Wege werden in gleicher Weise geachtet.

Wenden Sie dieses Wissen auf Ihre Situation an und fordern Sie die Macht, die Sie verschleudert haben, weil Sie nicht aus Mitleid gehandelt haben, wieder ein. Entwirren Sie das Netz, in dem Sie sich gefangen haben und verstehen Sie, daß jeder Mensch diesem Weg zu Macht folgen muß, bevor er auf den Schicksalswinden davongalloppieren kann.

Eidechse . . .
begleitest Du meinen Traum?

Reisen jenseits der Sterne
Und jenseits von Zeit und Raum
Leben Visionen von Ferne.

36
Eidechse

TRAUMWELT

Die Eidechse saß träge im Schatten eines großen Steins und schützte sich so vor der heißen Wüstensonne. Die Schlange kroch herbei, denn auch sie suchte Schatten, in dem sie sich zusammenrollen und ausruhen konnte. Die Schlange beobachtete die Eidechse eine Weile, währenddessen die Augäpfel der Eidechse hinter den riesigen geschlossenen Lidern hin- und herwanderten. Die Schlange zischelte, um ihre Aufmerksamkeit zu bekommen. Langsam öffnete die Eidechse ihre verträumten Augen und kreischte: »Schlange, du hast mich erschreckt! Was willst du«?

Die Schlange spie die Antwort von ihrer Gabelzunge: »Eidechse, du hast immer die besten Schattenflecken, um dich vor der Hitze des Tages zu schützen. Dies hier ist der einzige größere Felsbrocken weit und breit. Willst du deinen Schatten nicht mit mir teilen?«

Die Eidechse überlegte einen Moment lang und willigte dann ein: »Schlange, du kannst den Schattenplatz mit mir teilen, aber du mußt auf die andere Seite des Steins gehen und versprechen,daß du mich nicht störst.«

Die Schlange wurde wütend: »Wie kann ich dich stören, Eidechs, wenn du nichts tust als schlafen?«

Die Eidechse lächelte überlegen: »Oh Schlange,« sagte sie, »du bist so dumm. Ich schlafe doch nicht – ich träume.«

»Und worin besteht der Unterschied zwischen schlafen und träumen?« wollte die Schlange wissen.

»Im Traum gehe ich in die Zukunft,« erklärte die Eidechse, »ich gehe dorthin, wo die *Zukunft* schon lebendig ist. Deshalb weiß ich, daß du mich heute nicht fressen wirst, verstehst du? Ich träumte von dir und weiß deshalb, daß du mit Mäusen vollgefressen bist.«

Die Schlange staunte, und dann rief sie aus: »Wie recht du hast, Eidechse! Hatte ich doch nicht verstanden, wie du deinen Schlafplatz so bereitwillig mit mir teilen wolltest!«

Die Eidechse lachte in sich hinein. »Schlange,« sagte sie, »du suchst Schatten und ich suche Schatten. Wo die Träume lebendig sind, da ist Schatten.«

Die Kraft der Eidechse liegt auf der schattigen Seite der Wirklichkeit. Die Eidechse hilft uns, die Träume kritisch zu betrachten , bevor wir uns dazu entschließen, sie auch körperlich Wirklichkeit werden zu lassen. Die Eidechse hätte ebensogut eine andere Wirklichkeit schaffen können, wenn sie es sich gewünscht hätte, beispielsweise die, daß sie gefressen worden wäre.

Die Eidechse ist die Medizin der Träumer. Ob ein Träumer uns raucht oder träumt – immer kann er uns helfen, den Schatten zu sehen. Diese Schatten sind unsere Ängste oder unsere Hoffnungen oder diese eine Verweigerung. Jedenfalls begleiten sie uns wie abgerichtete Hunde.

Wenn die Eidechse heute einen Platz in Ihre Karten hineingeträumt hat, dann ist es wohl an der Zeit, daß Sie einmal nachsehen, was Ihnen da folgt. Sind es Ihre Ängste? Ist es Ihre Zukunft, die versucht, Sie einzuholen? Oder handelt es sich um den Bereich Ihrer Persönlichkeit, der sich weigert, Menschliches, Schwaches zuzulassen?

Die Eidechse könnte Ihnen sagen wollen, daß Sie auf Ihre Träume und deren Symbole Acht geben sollten. Legen Sie ein Traumbuch an und versuchen Sie, alles aufzuschreiben, woran Sie sich erinnern. Achten Sie auf jedes Symbol und jedes wiederkehrende Muster. Wenn Sie Ihre Träume vergessen, versuchen Sie, einen Musikwecker auf zwei oder drei Uhr morgens zu stellen. Sie können auch vor dem Schlafengehen viel Wasser trinken, damit Ihre Blase Sie aufweckt. Träume sind sehr wichtig. Bringen Sie ihnen die nötige Aufmerksamkeit entgegen.

AUF DEM KOPF STEHENDE EIDECHSE

Wenn die Eidechse verkehrt herum liegt, dann befinden Sie sich in einem Alptraum. Ein Zeichen innerer Konflikte. Schauen Sie sich den Alptraum genau an, um die Art des Konflikts zu verstehen. Welche Gefühle weckt der Alptraum? Atmen Sie durch diese Gefühle hindurch und lassen Sie die Empfindungen aus dem Körper herausfließen. Erkennen Sie den wahren Kern des Alptraums.

Die Karte könnte allerdings genausogut sagen, daß Sie Ihren Ängsten ganz bewußt gegenüberstehen und deshalb im Alltagsleben keine alptraumartigten Erlebnisse zu erwarten haben. Eine andere Deutung könnte sein, daß Sie mehr Schlaf oder Traumzeit brauchen. Es könnte auch bedeuten, daß Ihre Zukunft an Traummangel leidet.

Die Tür zu allen neuen Ideen und Schöpfungen ist die Vorstellung. Wenn Sie den Traumvorgang untersuchen, werden Sie finden, daß das Unterbewußte *alle* Informationen über die Erlebnisse und Eindrücke des Tages speichert. Diese Informationen können unterdrückte Empfindungen sein, die in Ihrem Inneren Konfliktstoff aufbauen. Es können auch neue Ideen oder Zielvorstellungen sein oder eine andere Dimension der Wahrnehmung, zukünftige Ereignisse, Warnsignale, Wünsche, Hoffnungen.

In gewisser Weise zwingt eine auf den Kopf gestellte Eidechse dazu, die Vorstellungskraft auf neue Ereignisse zu richten. Das ist besonders wichtig, wenn das Leben dumpf und langweilig wird. Aber auch für diejenigen, die zuviel träumen, hat die auf dem Rücken liegende Eidechse eine Botschaft: Träume sollen das Werkzeug dafür sein, daß eine Vision Wirklichkeit wird. Alle Bewußtseinsebenen werden durch Träume zugänglich. Das Leben ist nicht immer, wie es uns erscheint. Sind Sie der Träumer oder das Geträumte?

Spring, Antilope ...
Lehre mich
Beim Handeln Schritt zu halten.

Schneller,
Schneller,
Aber voller Grazie.

37 Antilope

HANDELN

Am Anfang der Zeit, als der Stamm der Menschen noch sehr klein war, sah die Antilope, daß die Zweibeiner nackt, hungrig und von Ausrottung bedroht waren. Unsere Vorfahren wären rasch von der Erde verschwunden, wenn sie nicht handelte.

Die Antilope handelte. Sie ging in das Lager der Zweibeiner und rief sie zur Beratung zusammen. »Das Große Geheimnis hat mich geschickt, um euch eine Lektion zu erteilen. Die Lektion heißt: Handeln. Ihr braucht euch nicht zu ängstigen, wenn Ihr wißt, was zu tun ist und das dann auch tut.« So sprach sie.

»Und was sollen wir tun?« fragten die Leute.

»Wenn ihr nackt seid und friert, müßt ihr mich töten und meine Decke nehmen, um euch zu wärmen. Das ist mein Geschenk an euch. Nun tut es auch.«

»Wir werden es tun«, sagten die Leute, aber was machen wir mit unserem Hunger? Wir verhungern. Was können wir zu unserer Rettung tun?

»Wenn ihr hungrig seid, solltet ihr mich töten und mein Fleisch essen, denn das wird euch nähren und stärken. Das ist mein Geschenk und Teil meiner Entwicklung. Es ist mein Dienst. Macht es nur.«

Die Menschen haben diese Unterrichtsstunde gut begriffen. Dank der Antilope haben sie richtig gehandelt und konnten bis auf den heutigen Tag überleben. Die Antilope hat die Menschen gelehrt, die Geschenke, die das Große Geheimnis ihnen macht, zu achten und nicht blindlings zu töten.

Die Antilope steht für vernunftgeleitetes Handeln. Die Antilope ist das Symbol für Ihre Antennen, die Haare, die Sie wie große Lichtschnüre mit dem Großen Geheimnis verbinden. Wenn Sie die Antilope betrachten, werden Sie sich Ihrer Sterblichkeit bewußt und der kleinen Zeitspanne, die Sie auf diesem Planeten zur Verfügung haben. Wenn Sie sich das vor Augen halten, müssen Sie entsprechend handeln. Richtiges Handeln gefällt dem Großen Geheimnis. Antilopen-Kraft ist das Wissen um die Kreisläufe des Lebens. Weil sie vom Tod weiß, kann die Antilope wahrhaft leben. Handeln ist der Schlüssel und der Kern des Lebens.

Antilopen-Kräfte sind verehrt und von Schamanen umworben worden, solange wir zurückdenken können. Es gab immer viele Antilopen-Clans, und die Macht der Antilopen-Leute ist groß. Antilopen-Medizin verleiht Ihnen die Kraft des Verstandes und Herzensstärke und die Fähigkeit, schnell und entschlossen zu handeln, um etwas Bestimmtes zu erreichen.

Wenn Sie sich durch irgendetwas behindert fühlen, rufen Sie die Antilope. Wenn Sie sich zu einem Knäuel verwickelt und verknotet haben, dann sprechen die Kräfte der Antilope zu Ihnen darüber, was die richtige Handlung erfordert, und bald sind Sie frei. Die Antilope hat schon viele geniale Lösungen eingeflüstert. Hören Sie hin und, noch mehr: tun Sie es auch. Umgeben Sie sich selbst mit der Erleuchtung und dem geheimen Wissen der Antilope. Verbinden Sie das mit Handeln, und Sie werden jedes Hindernis auf Ihrem Weg überwinden. Wenn die Antilope Ihr Baum der Mitte oder Ihre persönliche Medizin ist, danken Sie dem Großen Geist. Sagen Sie, was Sie sagen müssen. Ihr Urteil ist tiefgründig und Ihr Tun wird erfolgreich sein.

Hören Sie immer auf das, was die Antilope Ihnen zu sagen hat. Wenn sie in Ihren Karten ist, ist das ein Hinweis auf eine Botschaft mit einer höheren Absicht. Die Antilope bewaffnet Sie mit dem Bogen der Autorität und beauftragt Sie, für sich selbst, die Familie, den Clan, das Volk und letztlich für Mutter Erde zu handeln. Die Antilope sagt: »Tue es jetzt. Warte nicht länger.« Die Antilope kennt den Weg, und Sie kennen ihn auch. Nehmen Sie Ihren Mut zusammen und springen Sie; Ihr Sinn für den richtigen Augenblick ist vollkommen ausgebildet. Wenn die Antilope in

Ihre Karten gesprungen ist, heißt es: jetzt! Sie sind selber die Kraft.

AUF DEM KOPF STEHENDE ANTILOPE

Die umgekehrte Antilope ist ein Hinweis darauf, daß Sie nicht hinhören und nicht handeln und den Willen des Großen Geistes nicht erfüllen. Es kann sein, daß Sie mehr nehmen als Ihnen zusteht. Die Kraft der umgekehrten Antilope macht Sie verrückt und zänkisch. Sie sind unentschlossen und wissen nicht, in welche Richtung Sie sich wenden sollen. Vielleicht belügen Sie sich selbst und andere. Hören Sie mit dem Lügen auf, auch wenn Sie glauben, daß Sie sich dadurch vom Angelhaken befreien können. Die umgekehrte Antilope wird Sie bei jeder Wendung wieder zum Stolpern bringen. Hören Sie auf, in herkömmlichen Bahnen zu laufen und immer zu tun, was alle anderen tun. Gewinnen Sie Ihre eigene Autorität. Lassen Sie das Herz der Antilope kräftig in Ihnen schlagen. Sie werden dann Ihren Weg finden. Aber über allem steht die Botschaft: »Tun Sie es!« Die Furcht vor dem Unbekannten kommt zur Ruhe, sobald das Handeln einsetzt.

Eine umgekehrte Antilope kann auch bedeuten, daß jetzt der Zeitpunkt für eine Entscheidung gekommen ist. Das Hauptelement allen Zögerns ist der Mangel an Überzeugung. Ihre selbstgewählte Bestimmung zu ehren, bedeutet nichts anderes, als Ihrer Verpflichtung treu zu sein, das auch zu tun, von dem Sie dauernd reden, daß Sie es machen. In der Tat zu dem zu stehen, was man sagt, ist das Wesen der Antilopen-Leute. Wer mehr redet als tut, verkörpert den Typ der verkehrten Antilope.

Um die Antilope wieder richtig zu stellen, sind drei Schritte nötig:

1. Das Bedürfnis nach Handeln muß geweckt werden.
2. Sie müssen sich mit aller Entschlossenheit entscheiden, mit dem Handeln zu beginnen.
3. Handeln Sie!

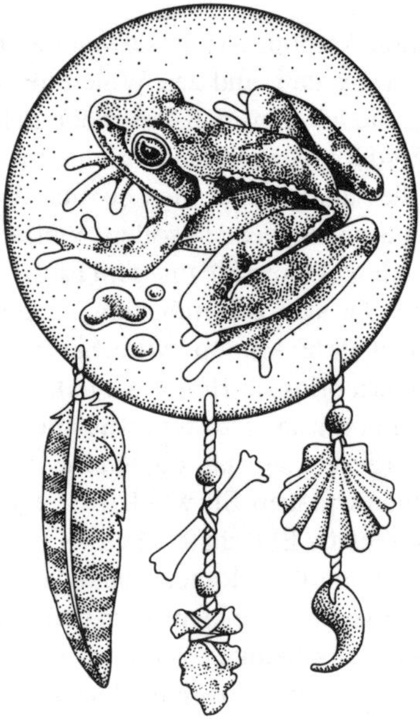

Sing, Frosch, sing!
Rufe den Regen!

Lösche die Trockenheit,
Reinige die Erde und
Fülle mich wieder neu.

38
Frosch

REINIGUNG

Frosch singt das Lied, das den Regen bringt und den Straßenstaub erträglich macht. Die Kraft des Froschs ist der Wasser-Energie verwandt und dem Osten des Medizinrads. Frosch lehrt uns, unsere Tränen zu ehren, weil sie unsere Seele reinigen. Alle Wasserriten einschließlich der Einweihungsriten, die mit Wasser verbunden sind, gehören zu dem Frosch.

Wasser bereitet den Körper für heilige Zeremonien vor und reinigt ihn. Es ist das Element, das wir im Mutterleib am besten kennenlernen. Der Frosch ist, wie wir selbst, ein »polywog« im Fruchtwasser und lernt erst herumzuhüpfen, nachdem er die flüssige Welt kennengelernt hat.

Seine Verwandlung zum Erwachsenwerden bereitet den Frosch darauf vor, daß er die Macht erhält, die Wasser vom Himmel zu rufen: den Regen. Weil er das Element Wasser kennt, kann der Frosch das Lied singen, das den Regen auf die Erde hinunterruft. Wenn die Teiche trocken sind, ruft der Frosch die Donnerwesen an, daß sie die Erde mit Wasser reinigen und füllen. Wir sind aufgerufen, wie ein Frosch zu wissen, wann es an der Zeit ist, die Seelenkästchen aufzufrischen, zu reinigen und neu zu füllen.

Wenn der Frosch heute in Ihre Karten gehüpft ist, will er mit seinem Gequake zu der Reinigung aufrufen, die Sie brauchen. Wenn Sie einmal hinschauen, wie Sie sich heute befinden, welche Beschreibung käme Ihrem Zustand am nächsten: müde, überlastet, zerstört, frustriert, schuldig, unruhig, nervös, in Verlegenheit, leer, geschwächt?

Wenn eines davon zutrifft, sollten Sie eine Pause machen und einmal in den Wassern der Frosch-Medizin baden. Das könnte ein ausgiebiges, entspannendes Bad sein, mit abgehängtem Telephon, bei dem Sie nach Herzenslust »nein!« schreien oder tief und befreiend einatmen.

Der springende Punkt ist, einen Weg zu finden, der Sie von Ablenkungen frei macht und den Schlamm durch reine Energie ersetzt. Dann können Sie Ihren ausgedörrten Geist, Körper und Verstand wieder frisch füllen.

Leute mit Frosch-Kraft haben auch die Gabe, anderen, die es nötig haben, von Ihrer Energie mitzuteilen und sie zu unterstützen. Sie können jede Umgebung von Negativitität befreien. Viele Medien oder Hellseher, die z.B. Häuser vom Spuk befreien, haben Frosch-Kraft. Viele Seher nehmen Wasser auf die Hände, wenn Sie sich an andere Bereiche der Wirklichkeit anschließen wollen, weil Wasser so ein hervorragender Leiter ist.

In den schamanistischen Praktiken der Azteken und der Maya nimmt der Schamane Wasser in seinen Mund und spritzt es über den Körper des Patienten, um ihn so von negativer Energie zu säubern. Dabei wird der Gedanke an den Frosch fest im Kopf behalten, damit der Patient mit positiver Energie angefüllt und geheilt wird. Manchmal werden getrockenete und ausgestopfte Frösche zu solchen Sitzungen als Schutz für die zu heilenden Personen hinzugezogen.

In seinem Regenlied spricht der Frosch von neuem Leben in Harmonie. Man sagt, daß die tiefen Töne seines Gesangs Anrufungen an die Donner-Wesen sind: Donner, Blitz, Regen. Das Quaken ist der Herzschlag, der sich mit Vater Himmel in Einklang setzt und nach der nötigen Auffüllung ruft. Rufen Sie den Frosch und finden Sie Ihren Frieden in der Freude darüber, daß Sie sich Zeit nehmen, um sich selber etwas zu schenken. Ein Teil dieses Geschenks besteht darin, daß Sie sich von *jeder Person, jedem Ort, jeder Sache* befreien, die nichts zu Ihrer neu gewonnenen Heiterkeit und Erfüllung beitragen.

AUF DEM KOPF STEHENDER FROSCH

Der Frosch ist im Schlamm ausgerutscht und liegt auf seinem Rücken, unfähig sich aufzurichten. Bereiten Sie sich auf noch mehr Schlamm in Ihrem Auge vor.

Der umgekehrte Frosch kann anzeigen, daß Sie einfach nicht bereit sind, den Dreck aus Ihrem Leben zu vertreiben. Dreck kann von Schlamm zu Sumpf und zu Treibsand werden, wenn Sie Ihre Situation nicht richtig einschätzen.

Zieht Ihnen jemand Ihre Energie ab? Lassen Sie sich selbst mit den anderen durchs Abflußrohr gleiten? Haben Sie versucht, Streit zu schlichten und sind selber in die Schußlinie geraten? Halten Sie ein! Erkennen Sie, was da wirklich den Wasserrosenteich erstickt. Schwimmen Sie mit dem Frosch. Die Sumpfaugen des Froschs sehen alles. Tauchen Sie tief hinunter und setzen Sie sich dann mit einem Satz auf ein Wasserrosenblatt in die Sonne. Auf diese Weise sehen Sie ganz genau, was Ihnen die Energie gestohlen hat.

Zuweilen sind die Aufgaben überwältigend. Jeder braucht einmal eine Pause. Der umgekehrte Frosch kann anzeigen, daß ein solcher Augenblick für Sie gekommen ist. Es kann aber auch sein, daß eine Zeit bevorsteht, in der Sie sich überflutet fühlen. Vielleicht befassen Sie sich mit zu vielen Emotionen oder Gefühlen. Die Welt setzt Ihnen zu sehr zu, oder Sie haben sich in eine Idee oder ein Projekt allzusehr verrannt. In diesem Fall wäre es sinnvoll, aus der täglichen Routine auszubrechen. Springen Sie auf ein anderes Wasserlilienblatt oder besuchen Sie einen anderen Teich.

Sie ziehen die Negativität geradezu an, wenn Sie sich weigern, sich selber die Zeit und den Platz einzuräumen, die Sie brauchen, um neue Perspektiven zu entwickeln. In umgekehrter Lage ist der Frosch ein Omen dafür, daß Sie das Unheil anziehen, wenn Sie nicht damit aufhören und endlich wieder den Duft der Lilien aufnehmen, ein paar Fliegen genießen, in der Sonne baden und quaken, bis der Regen kommt und Ihren Geist mit Frische erfüllt.

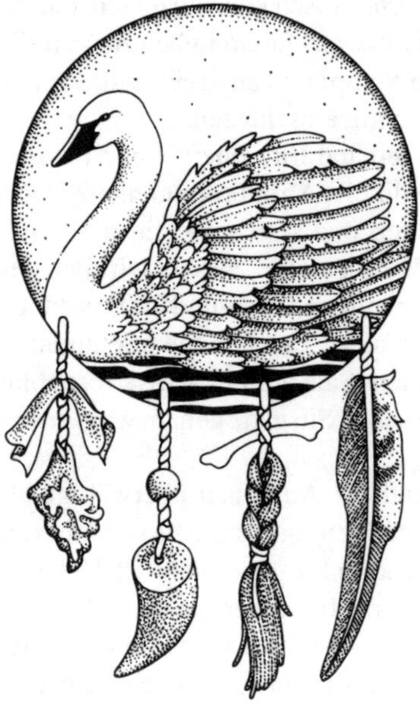

Schwan . . .
Macht der Frau,
Die heiligen Raum betritt.

Sie berührt die Zukunft,
Bevor sie kommt und
Bringt uns ewige Grazie.

39
Schwan

GRAZIE/GNADE

Der kleine Schwan flog auf der Suche nach der Zukunft durch die Traumzeit. Einen Augenblick lang ruhte er in der Kühle des Teiches aus und schaute nach einem Eingang in die Zukunft. Der Schwan war verwirrt, weil er wußte, daß er nur ganz zufällig in die Traumzeit hineingeraten war. Es war sein erster Flug ohne die Eltern, und die Landschaft der Traumzeit beunruhigte ihn etwas.

Hoch oben über dem Heiligen Berg sah er das größte wirbelnde schwarze Loch, das er jemals gesehen hatte. Die Libelle flog gerade vorbei, so daß der Schwan sie fragen konnte, was es mit dem schwarzen Loch auf sich habe. Die Libelle sagte: »Schwan, das dort ist die Tür zu den anderen Ebenen der Vorstellung. Ich war über viele Monate Wächter der Illusion. Wenn du dort hinein willst, mußt du um die Erlaubnis fragen und dir das Recht dazu verdienen.«

Der Schwan war sich nicht so sicher, ob er das schwarze Loch betreten wollte und fragte die Libelle, was man tun müsse, um sich das Recht darauf zu erwerben. »Du must bereit sein, alles, was die Zukunft dir bietet, so anzunehmen, wie es dir angeboten wird, ohne den Plan des Großen Geistes verändern zu wollen.« Der Schwan schaute auf seinen »Häßliches Entlein«-Körper und antwortete: »Ich will mich sehr gerne dem Plan des Großen Geistes fügen und nicht gegen die Strömung des schwarzen Lochs ankämpfen. Ich werde mich der Bewegung der Spirale überlassen und sehen, was mir gezeigt wird.«

Die Libelle war mit der Antwort sehr zufrieden und brachte den Zauber in Bewegung, der die Sinnestäuschungen des Teichs aufheben sollte. Der Schwan befand sich plötzlich mitten im Teich in einem Strudel.

Nach vielen Tagen erschien der Schwan wieder, aber jetzt war er wunderschön, weiß und hatte einen langen Hals. Die Libelle staunte: «Schwan!« rief sie aus, »was ist mit dir geschehen?« Der Schwan lächelte und sagte: »Libelle, ich habe gelernt, meinen Körper der Macht des Großen Geistes auszuliefern und wurde dorthin mitgenommen, wo die Zukunft wohnt. Ich habe oben auf dem Heiligen Berg viele Wunder gesehen, und weil ich geglaubt habe und bereit war anzunehmen, bin ich verändert worden. Ich habe gelernt, den Zustand der Gnade anzunehmen.« Die Libelle war sehr glücklich über den Schwan.

Der Schwan berichtete der Libelle von vielen Wundern jenseits der Sinnestäuschung. Dadurch, daß er den Zustand der Gnade angenommen hatte, konnte er die Traumzeit betreten.

So ähnlich sollen wir lernen, unseren Willen der Gnade und der Grazie des Rhythmus anzuvertrauen, der das Universum bewegt, und aus unseren physischen Körpern in die Traumzeit hinüberschlüpfen. Die Schwan-Medizin lehrt uns, mit allen Ebenen des Bewußtseins in Harmonie zu sein und auf den Schutz des Großen Geistes zu vertrauen.

Wenn Sie den Schwan gezogen haben, kommt er in einer Zeit der Veränderung von Bewußtseinszuständen und der Entwicklung Ihrer intuitiven Fähigkeiten. Die Kraft des Schwans ist Leuten zu eigen, die in die Zukunft sehen. Sie haben die Begabung, sich der Macht des Großen Geistes zu ergeben und die Heilung und Veränderung ihres Lebens zuzulassen.

Die Schwan-Karte fordert Sie auf, Ihre Fähigkeit, das Zukünftige vorherzuwissen, ruhig anzunehmen. Wenn Sie dabei sind, der Veränderung Ihrer selbst zu widerstehen, entspannen Sie sich erst einmal. Einfacher ist es, wenn Sie der Bewegung *folgen*. Geben Sie ruhig zu, daß Sie wissen, wer anruft, wenn das Telephon klingelt. Achten Sie auf Ihre Vorahnungen und Ihr »Gefühl im Bauch« und mißtrauen Sie nicht Ihrer weiblichen, intuitiven Seite.

Wenn Sie den Schwan verkehrt herum liegen haben, ist das eine Mahnung an Sie, doch zu dem zu stehen, was Sie wissen und aufzuhören, Ihre Gefühle zu leugnen. Es kann sein, daß Sie eine Phase haben, in der Sie sich ständig irgendwo stoßen oder nach der Hälfte des Satzes vergessen haben, was Sie sagen wollten. Wenn das zutrifft, haben Sie zur Zeit keinen Boden unter den Füßen. Machen Sie ein paar Sprünge auf der Stelle und halten Sie dabei mit den Händen von oben den Kopf fest. Das vermittelt Ihnen ein Gefühl für den Grund, auf dem Sie stehen und bewahrt Sie davor, in eine Traumwirklichkeit abzuwandern, in der Ihr Blick ins Schwimmen gerät. Baden hilft in solchen Situationen, aber auch Gärtnern und barfuß Gehen.

In jedem Fall sagt der umgekehrte Schwan, daß Sie auf Ihren Körper achten müssen. Es sieht so aus, als flögen Sie ohne Flugschein, weil Sie gar nicht merken, ob Sie starten oder landen.

Wenn Sie eine geistige Entwicklung durchmachen, ist es ganz normal, daß Sie den Übergang von der linken Gehirnhälfte zur rechten gar nicht bemerken. Das gehört zur Entwicklung der intuitiven Seite Ihrer Natur und ist ein Zeichen dafür, daß Sie nicht merken, wie Sie auf eine andere Bewußtseinsebene hinüberwechseln. In der Entwicklung einer höheren Gedankenebene betreten Sie ein neues Gebiet mit eigenen Regeln und Gesetzen. In der Welt des Geistes müssen Sie dem Unsichtbaren gegenüber große Aufmerksamkeit an den Tag legen. Sie fühlen sich vielleicht etwas anders als üblich, aber das vollzieht sich in sehr kleinen Schritten. Manchmal geht die Veränderung in Ihrem täglichen Leben so sehr unter, daß Sie sich plötzlich ganz abgehoben fühlen. Dann wird es Zeit, daß Sie sich wieder mit Mutter Erde verbinden.

Bei einem umgekehrtem Schwan empfiehlt sich folgendes:

1. Nehmen Sie Ihre Umgebung zur Kenntnis und berühren Sie Mutter Erde mit Händen, Füßen oder mit beidem.
2. Konzentrieren Sie sich entweder auf die eine Wirklichkeit oder

auf die andere. Wenn Sie aufgerufen sind, die Traumzeit zu besuchen, halten Sie in Ihrer Arbeit ein und werden Sie still. Betreten Sie den Raum des Schweigens und entleeren Sie Ihren Kopf von allem Geschwätz. Seien Sie empfänglich und offen, damit Sie die Botschaft entgegennehmen können.

3. Wenn Sie nur »in Gedanken« sind oder sich abgehoben fühlen oder tagträumen, dann müssen Sie sich auf eine körperliche Arbeit konzentrieren. Nutzen Sie die rationale Seite Ihres Gehirns und machen Sie eine Liste von Sachen, die als nächstes getan werden müssen. Damit lösen Sie den Stau in Ihrem Kopf auf und damit die Verwirrung.

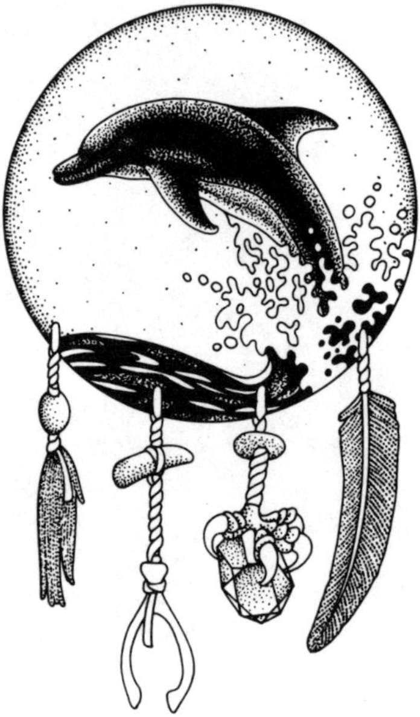

Delphin . . .
Atme mit mir.

Atem des Göttlichen,
Manna des Universums,
In Eins verflechten wir uns.

40
Delphin

LEBENSKRAFT

Der Delphin spricht über den Lebensatem, das einzige, ohne das die Menschen nicht länger als ein paar Minuten auskommen können. Wir können tagelang ohne Wasser und ohne Nahrung leben, aber Sauerstoff ist die Quelle unseres Lebens. Im Atem begegnen wir dem Rhythmus der Energie, die alle Lebewesen ausstoßen. Dadurch, daß wir die Geschwindigkeit oder das rhythmische Gewebe unseres Atems verändern, können wir uns an jedes andere Lebewesen, jede andere Lebensform ankoppeln. Auf diese Weise können wir uns mit der göttlichen Energie des Großen Geistes verbinden und auch unseren eigenen persönlichen Rhythmus finden.

Der Delphin hütet den heiligen Lebensatem und lehrt uns, wie wir Emotionen durch seinen Atem entlassen können. Der Delphin kreiert Rhythmus, indem er schwimmt und atmet, bevor er untertaucht und dann den Atem hält, solange er unter Wasser bleibt. Wenn er wieder hochkommt, stößt er seinen Atem aus wie einen Sektkorken. Wir können uns der gleichen Technik bedienen, den Stöpsel von unserer Anspannung abziehen und vollkommen entspannen. Das ist eine gute Übung, bevor man sich ins Schweigen begibt.

Lebenskraft ist in jedem Atom vorhanden und ist das Wesen des Großen Geistes. Der Delphin lehrt uns, wie wir Lebenskraft durch unseren Atem nützen können. Es belebt jede Zelle unseres Körpers und jedes Organ und überwindet die Grenzen und Dimensionen der körperlichen Welt, so daß wir in die Traumzeit eintreten können.

Einmal, als Großmutter Mond gerade die Gezeiten ins Meer

hineinwebte, kam auch der Delphin dahergeschwommen. Großmutter Mond bat den Delphin, ihrem silbernen Licht seine weibliche Seite zu öffnen und den Rhythmus der Gezeiten kennenzulernen. Der Delphin begann, im Rhythmus ihres Gewebes zu schwimmen und lernte dabei, auf neue Art zu atmen. Und wie er so diesem neuen Rhythmus folgte, geriet er in die Traumzeit. Diese Wirklichkeit war ganz anders als die Meere, die er bis dahin gekannt hatte.

Er entdeckte plötzlich Städte, die unter dem Wasser lebten und konnte in der Ursprache sprechen. Diese neue Sprache war die Schall-Sprache, die die Spinne vom Großen Sternenvolk mitgebracht hatte. Der Delphin lernte, daß alle Verständigung auf Mustern und Rhythmen beruhte, und daß der neue Gesichtspunkt der Verständigung der Ton war; und bis heute trägt er dieses ursprüngliche Muster mit sich.

Der Delphin kam zum Meer der Großen Mutter zurück und war sehr traurig bis der Wal kam und ihm sagte, er könne als Bote für die Traumzeitbewohner zurückkehren, sobald er den Rhythmus spüre und den Atem benütze. So bekam der Delphin eine neue Aufgabe. Er wurde Bote des Fortschritts. Die Bewohner der Traumzeit waren neugierig, was die Kinder der Erde trieben und wollten uns mit dem Großen Geist zu einer Einheit verbinden. Delphin war das Bindeglied.

Wenn der Delphin heute bei Ihnen durch das Wasser schäumend aufgetaucht ist, dann sind Sie auf irgendeine Weise Bindeglied für die Kinder der Welt. Es kann sein, daß Sie mit dem Großen Geist in Verbindung treten und Antworten für sich oder für andere zurückbringen. Außerdem deutet es auf eine Verständigung mit dem Rhythmus der Natur. Sie werden davon unterrichtet, wie wichtig es ist, daß Sie Ihren Körper auf den Rhythmus und das Energie-Muster einstellen, das vom Schöpfer für Sie vorgesehen ist. Ahmen Sie den Delphin nach und gleiten Sie durch die Wellen des Lachens, um in der Welt Freude zu verbreiten. Atmen und erfahren Sie die Lebenskraft, die so freizügig geschenkt ist. Überwinden Sie Hindernisse und verbinden Sie sich mit der Traumzeit: dem Großen Sternenvolk. Denken Sie daran, daß wir in den Augen des Ewig Einen alle ganz sind.

AUF DEM KOPF STEHENDER DELPHIN

Wenn der Delphin umgekehrt erscheint, haben Sie das Atmen vernachlässigt. Vielleicht sind Sie starkem Streß ausgesetzt. Ihr Körper braucht Lebenskraft. Ihre Zellen und Ihre Organe verhungern, ganz gleich wie viele Vitamine Sie schlucken. Ihr natürlicher Rhythmus schläft ein. Achten Sie auf Ihre Gesundheit und Ihre Gefühle, ob Sie überreizt oder nur angespannt sind. Jedenfalls müssen Sie sich Zeit nehmen, entspannen und Lebenskraft in Ihre Muskeln atmen. Richten Sie Ihre Aufmerksamkeit darauf, alte Luft aus den unteren Lungenspitzen herauszuholen und alle Atemwege mit frischer, erneuernder Lebenskraft zu füllen. Atmen Sie vom Zwerchfell her und füllen Sie die Lungen bis oben hin. Dann atmen Sie von der Brust zum Bauch hinunter aus und entspannen Sie den ganzen Körper, während Sie ausatmen.

Eine andere Botschaft des umgekehrten Delphins ist die, daß es sehr viele Signale gibt, die durch das Gewebe der Gezeiten getragen werden, und daß Sie vielleicht versäumen, Ihre Schallempfindlichkeit zu nutzen. Um das Muster dieser Tonimpulse zu deuten, müssen Sie sich mit dem natürlichen Rhythmus in Ihrem Körper versöhnen. Dann erst können Sie den Atem des Delphins nutzen, um sich mit den Signalen des universellen Bewußtseins zu verbinden.

Der Delphin fordert auf, tief hinunterzutauchen, an den Korallenbänken zu spielen und die Schönheit des Atemrhythmus zu entdecken.

Wal . . .

Von den gewaltigen Ozeanen,
Du hast alles gesehen.

In Deinem Rufe schwingen
Geheimnisse alter Jahrhunderte.

Lehre mich, Deine Worte zu hören
Und die Spuren der Geschichte zu verstehen
Vom Beginn unserer Welt.

41
Wal

BEWAHREN

Der Wal ist wie eine schwimmende Bibliothek. Er trägt die Geschichte von Mutter Erde in sich, und man sagt, er sei von den Urahnen vom Hunds-Stern Sirius hierhergebracht worden. Biologen sagen, daß der Wal ein Säugetier sei und möglicherweise vor Millionen von Jahren auf dem Land gelebt hat. Nach einer Stammeslegende hat der Wal sich in das Wasser begeben, als die Erde sich verschob und Lemuria, das Mutterland, unter den Wellen des Ozeans verschwand.

Alle unsere Felszeichnungen sprechen vom Mutterland Mu und von der großen Katastrophe, welche die rote Rasse vom Westen, jenseits des großen Wassers, nach Nordamerika führte. Die Symbole in diesen Felszeichnungen sprechen von Flüssen und Bergen, die unsere Vorfahren auf der Suche nach festem Boden überwunden haben, als das Wasser zurückwich.

Der Wal war Zeuge der Ereignisse, die zur Besiedlung von Turtle Island (Nordamerika) geführt haben, und er hält die Erinnerung daran und das Wissen um das Mutterland lebendig. Es heißt, daß Mu wieder aufsteigen wird, wenn das Feuer vom Himmel fällt, und es wird sich dann in einem anderen Ozean auf Mutter Erde niederlassen. Die indianischen Medizin-Leute warten auf dieses Ereignis und beobachten die Zeichen der Veränderung. Wenn die Kinder dieser Welt überleben wollen, müssen Sie sich vereinigen und allen Wegen und allen Rassen Ehrfurcht entgegenbringen.

Menschen mit der Kraft des Wals sind so veranlagt, daß sie verstehen, daß bestimmte Tonfrequenzen aus dem Gedächtnis uralten Wissens Erinnerungen abrufen können. Sie sind gewöhnlich hellhörig oder können doch sehr hohe und auch sehr niedrige Frequenzen hören. Meistens sind sie auch psychisch sehr weit entwickelt und einigermaßen telepathisch begabt. Sehr häufig sind sie sich ihrer Begabungen nicht bewußt, sondern werden erst dazu geweckt, wenn es Zeit ist, die alten Erinnerungen wachzurufen. Viele Menschen mit der Kraft des Wals können sich an das universale Denken des Großen Geistes anschließen und wissen überhaupt nicht, woher und warum sie wissen, was sie wissen. Erst später, wenn sie Bestätigung finden, beginnen sie zu verstehen, wie sie zu dem Wissen gekommen sind und warum ihnen die Bilder gegeben worden sind.

Wal-Medizin lehrt uns, die Töne und Frequenzen zu nutzen, die uns emotional und physiologisch ins Gleichgewicht bringen. Wenn wir uns daran erinnern, warum der Ton der schamanischen Trommeln heilt und Frieden stiftet, verbinden wir uns mit der Kraft des Wals. Die Trommel ist der universelle Herzschlag und verbindet alle Herzen miteinander.

Bevor die Menschen die Sprache fanden, wurden Handzeichen benützt, und viele Stämme haben die meiste Zeit schweigend verbracht. Die Sprache, die man verstand, bestand aus den Lauten der anderen Geschöpfe des Großen Geistes, der Tiere.

Wenn Sie die Wal-Karte gezogen haben, sind Sie aufgefordert, sich an die uralten Erinnerungen anzuschließen und die Gesänge derer anzuhören, die diese ursprüngliche Sprache sprechen. Wir sind die einzigen Geschöpfe, die kein unverkennbarer Schrei oder Laut verbindet. Finden Sie den zu Ihnen gehörenden Laut. Lassen Sie es zu, daß Ihre Stimme diesen Laut dazu benützt, Spannung und Emotionen herauszulassen. Der Wal signalisiert, daß Sie auf der Suche nach den Ursprüngen sind, auf der Suche nach Ihrer primären Bestimmung, wie sie in Ihren Anlagen festgelegt sind und auf der Suche nach dem Laut, der diese alten Aufzeichnungen zur Sprache bringt. Indem Sie Ihre Stimme dazu benützen, Ihr Gedächtnis aufzuschließen, finden Sie den Ausdruck Ihrer Besonderheit, finden Sie Ihren persönlichen Ton. In dem Moment, in dem Sie sich dieser Einzigartigkeit öffnen, können

Ihre neun Totem-Tiere ihre eigenen Laute oder Rufe zu Ihnen oder durch Sie hindurch schicken. Dadurch öffnet sich Ihre persönliche Erinnerung, und so können Sie die Geschichte Ihrer Seele weiter verfolgen und sich mit dem Wal, der die Geschichte von uns allen in sich trägt, verständigen.

AUF DEM KOPF STEHENDER WAL

Wenn der Wal in Ihrer Karten auf dem Rücken gestrandet ist, dann folgen Sie nicht dem Code Ihres Erkenntnissystems. Auf irgendeiner Ebene haben Sie vergessen, daß Sie alle Antworten, die Sie zum Überleben, zum Wachsen und als Anspruch auf die Gewalt über das von Ihnen gewählte Schicksal benötigen, selbst in der Hand halten.

Kann sein, daß Sie mit einer Menge Geschwätz fertig werden müssen, das sich in Ihrem Kopf abgelagert hat, und daß Sie deshalb nicht so leicht zu Ihren persönlichen Aufzeichnungen vordringen können. Wenn das der Fall ist, versuchen Sie es mit anderen Tönen, damit Sie ins Schweigen gelangen können. Vielleicht hilft die Trommel oder die Rassel, die indianische Flöte oder irgendein Ton aus der Natur. Der Ruf des Wales ist das Schlaflied der Gezeiten. Wiegen Sie sich sanft und lassen Sie sich in die Welt des Meeres gleiten. Fließen Sie mit den Wassern der Zeit und sammeln Sie Ihre Antworten – es ist die einzige Wahrheit, die auf Ihren persönlichen Weg des Wissens führt.

Ein umgekehrter Wal will sagen, daß Sie zu wissen begehren müssen. Sie müssen das Lied des Wals in sich selber suchen. Wenn Sie den Ruf des Wals hören, finden Sie über Ihre Zellen Anschluß zu den Alten, und wenn Sie dann entspannen und sich in den Fluß des Rhythmus dieses Liedes hineinfallen lassen, dann öffnet sich Ihre einzigartige Bibliothek. Das mag nicht alles gleich auf einmal passieren. Es braucht eine gewisse Übung. Aber wenn Sie den dringenden Wunsch zu wissen in der Nähe Ihres Herzens behalten, dann ziehen Sie das Geschenk des Wals an.

Fledermaus, heiliges Tier . . .
Sie flog zu mir,
Aus der Dunkelheit der Höhle.

Wie Geräusche im Mutterleib,
So klang ihre Antwort.
Geburt, Tod, Wiedergeburt,
Kreislauf des Ganzen . . .

Ohne Ende!
Schon wieder legt sich Finsternis
Über die Reise dieser Seele.

42
Fledermaus

WIEDERGEBURT

Die Legende von der Fledermaus ist getränkt mit dem Geheimnis mittelamerikanischer Rituale. In Mittelamerika ist die Fledermaus Symbol der Wiedergeburt, ganz im Sinne der buddhistischen Lehre von der Wiedergeburt. Jahrhundertelang war die Fledermaus bei den Azteken, den Tolteken, den Tolukken und den Mayas eine hochgeehrte Medizin.

Mit der Fledermaus verbindet sich die Vorstellung vom Tod des Schamanen. Der rituelle Tod des Heilers ist mit Geheimnissen umgeben und ein ungeheuer verwickelter Initiationsritus. Der Tod des Schamanen ist der symbolische Tod des Eingeweihten, durch den er sich von seinen alten Gewohnheiten und seiner alten Persönlichkeit trennt. Der Einweihung, die das Recht zu heilen und den Titel des Schamanen zu tragen gewährt, geht der rituelle Tod notwendig voraus. Diese Riten sind häufig von brutaler Härte für den Körper, aber auch für den Verstand und den Geist. Nach den heutigen Maßstäben ist es äußerst schwierig, eine Person zu finden, die diese arge Mißhandlung ertragen kann und am Ende auch noch mit einem ausgeglichenen Gemüt daraus wieder hervortaucht.

Die Grundidee der alten Riten war, alle früheren Vorstellungen, die der zukünftige Schamane von seinem »Selbst« haben konnte, aufzulösen. Das konnte brutale Tests der körperlichen und seelischen Kraft des Prüflings bedeuten, bei denen sämtliche emotionalen Schleusen geöffnet wurden.

Verhöhnen und Anspeien gehörten zu den Übungen, in denen Demut und Seelenstärke erprobt werden sollten. Am Ende wurde man einen Tag lang unter der Erde begraben, um dann am Morgen ohne das alte Ego wiedergeboren zu werden.

Dieses Ritual ist sehr ähnlich der »Nacht der Angst«, die von den Eingeborenen auf Turtle Island praktiziert wird. Bei diesem Ritual wird der zukünftige Schamane an einen Ort geschickt, an dem er sich ein Grab schaufeln und die Nacht ganz alleine im Schoß von Mutter Erde verbringen muß. Der Eingang wird mit einer Decke verhängt. Die Einsamkeit und die Geräusche der beutesuchenden Tiere konfrontieren die Einweihung Suchenden schnell mit Ihren Ängsten.

So wie die Dunkelheit des Grabes in diesen Riten einen festen Platz einnimmt, so gehört auch die Höhle der Fledermaus dazu. Das Nach-unten-Hängen steht für die Verwandlung des alten Selbst in die Form des Neugeborenen. Auch Babies kommen in der Regel in dieser Haltung auf die Welt

Wenn die Fledermaus heute in Ihren Karten erschienen ist, deutet das auf die Notwendigkeit, einen rituellen Tod zu sterben, weil ein Teil des alten Lebens nicht mehr zu den Anfängen einer neuen Entwicklung paßt. Entweder müssen Sie nur alte Gewohnheiten aufgeben oder Sie nehmen eine Stellung im Leben ein, die Sie auf eine Wiedergeburt vorbereitet, oder Sie gehen durch einen Einführungsritus. In jedem Fall signalisiert die Fledermaus die Wiedergeburt irgendeines Teiles Ihres Wesens oder den Tod alter Verhaltensmuster. Wenn Sie Ihrer Bestimmung Widerstand entgegensetzen, kann das ein langes, sich ewig hinziehendes oder schmerzhaftes Sterben sein. Das Universum verlangt von Ihnen immer, daß Sie wachsen und Ihre Zukunft werden. Dafür müssen Sie den Tod des Schamanen sterben.

AUF DEM KOPF STEHENDE FLEDERMAUS

Wenn die Fledermaus in Ihren Karten umgekehrt und in die Dunkelheit ihrer Höhle gehüllt erscheint, dann haben Sie ihre umgekehrt wirkende Medizin angetroffen. Diese Position führt zu geistiger Stagnation und Sie verweigern, Ihre wahre Bestimmung anzuerkennen. Diese besteht immer in der vollen Ausnutzung

Ihrer Talente. Gibt es einen Bereich in Ihrem Leben, der irgendwie gestaut ist und Ihre schöpferische Sehnsucht blockiert? Wenn das so ist, denken Sie darüber nach, wie Sie diese Kräfte der Stagnation sterben lassen können.

Die Fledermaus kann hier auch bedeuten, daß Sie den natürlichen Kreislaufs der Wiedergeburten umzukehren versuchen. In gewissem Sinne ist das eine Steiß-Geburt, nämlich rückwärts ins Leben zu treten. Diese Art von verschlossenem Verständnis darüber, wie Sie sich befreien könnten, kann zu einer Totgeburt führen, weil Sie zu lange im Geburtskanal um Luft ringen müssen. Am Ende stirbt Ihr Körper. Manche Leute denken sich phantastische Hindernisse aus und bringen sich damit in selbstgemachte Zwangslagen. Wenn Sie sich schließlich zu irgendeiner Handlung entschlossen haben, sind die Gelegenheiten vergangen und die Leute zu alt, um neu anzufangen. Alle Träume sind vorübergezogen. Die umgekehrte Fledermaus fordert dazu auf, den Kopf, den Mut und die Stärke zusammenzunehmen, damit die Wehen leicht und die Geburt schnell vor sich gehen und ein neuer Zustand des Verstehens und des Wachstums entsteht. Ergeben Sie sich dem neuen Leben, das Sie aus Ihren Gedanken und Ihren Sehnsüchten geschaffen haben und grüßen Sie tapfer die Morgenröte.

Wenn Sie am Heute interessiert sind und vielleicht noch am Morgen, aber nicht an viel mehr, dann vergessen Sie, den Weg weiter hinunter zu schauen. Stammeslehren gehen davon aus, daß wir für die künftigen Generationen Verantwortung tragen, weil wir die Vorfahren der nach uns Kommenden sind. Was Sie heute tun, betrifft die nächsten sieben Generationen. Jede Entscheidung, jeder Gedanke schafft einen Zustand der Stagnation oder der Wiedergeburt für diejenigen, die Ihnen auf der Guten Roten Straße folgen. Wenn Sie sich selbst blockieren, blockieren Sie Generationen nach Ihnen.

Die Fledermaus fliegt in der Nacht. In der Nacht werden Ihre Träume geboren. Diese Träume schaffen zukünftige Generationen. Wir müssen sie deshalb hegen.

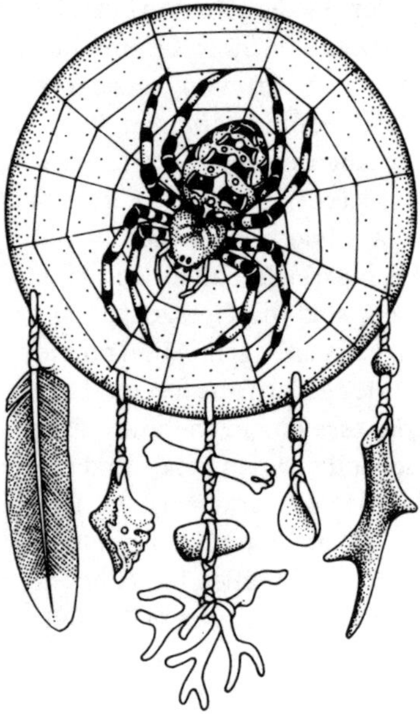

Spinne . . .
Du spinnst Gewebe der Lust.
Webe mir eine friedliche Welt.

Du trägst in Deinem Netz
Das Schicksal der Geschöpfe
Und wartest,
Daß es sich entfaltet!

43
Spinne

WEBEN

Die Spinne webte das Netz, das den Menschen das erste Bild vom Alphabet brachte. Die Buchstaben waren Teil der Winkel Ihres Netzes. Das Reh fragte die Spinne, was sie da webte und warum alle Fäden wie Buchstaben aussahen. Die Spinne antwortete: »Weißt du warum, Reh? Es ist an der Zeit, daß die Menschen lernen, Aufzeichnungen über den Fortschritt zu machen, den sie auf ihrer Erdenwanderung erzielen.«

Das Reh erwiederte: »Aber Spinne, die Menschen haben doch schon Bilder, die mit Symbolen zeigen, welche Erfahrungen sie gemacht haben.« »Das stimmt,« sagte die Spinne, »aber die Erdenkinder werden immer vielschichtiger und ihre zukünftigen Generationen werden mehr wissen müssen. Sie werden die Steinzeichnungen nicht mehr verstehen«. Also webte die Spinne das erste ursprüngliche Alphabet wie sie bereits vorher den Traum der Welt gewoben hatte, der dann auch Wirklichkeit wurde. Spinne's Traum von der körperlichen Welt ist vor Millionen von Jahren Wirklichkeit geworden.

Der Körper der Spinne ist wie die Zahl 8 gebaut und besteht aus zwei lappenähnlichen Teilen, die an der Hüfte miteinander verbunden sind und aus acht Beinen. Die Spinne ist das Symbol der unendlichen Möglichkeiten, die in der Schöpfung offenbar werden können. Ihre acht Beine stehen für die vier Winde und die vier Himmelsrichtungen auf dem Medizin-Rad. Die Spinne webt die Schicksalsnetze für diejenigen, die sich in ihrem Netz fangen und von ihr verspeist werden. Das ist vergleichbar mit Menschen, die sich von den Sinnestäuschungen der körperlichen Welt fangen lassen und nicht imstande sind, über ihren eigenen Horizont hinaus in andere Dimensionen hineinzuschauen.

Das Schicksalsnetz steht auch für ein Lebensrad, das keine Alternativen oder andere Lösungen zuläßt. So werden die Menschen häufig von der Idee gefangen, daß es entweder Glück oder Mißgeschick gibt und bedenken nicht, daß wir unser Geschick jederzeit beeinflussen können. Wenn wir nicht entschieden daran arbeiten, unser Los im Leben zu verändern, werden wir von unseren Ängsten und Begrenzungen aufgefressen.

Die Spinne ist die weibliche Energie der schöpferischen Kraft, welche die wunderbaren Lebensentwürfe webt. Ihr Gewebe hat Hunderte von geheimnisvollen Mustern, die den Morgentau auffangen. Wenn sich die Spinne heute von ihrem Netz in Ihre Karten heruntergelassen hat, will sie Sie auffordern zu schaffen: schaffen, schaffen! Schauen Sie, wie Sie aus Ihrem derzeitigen Engpaß herauskommen. Sie kann Sie auch davor warnen wollen, nicht zu nahe an eine Situation heranzukommen, in der sie sich verfangen. Möglicherweise empfiehlt die Spinne, daß Sie sich ein Tagebuch anlegen, in dem Sie Ihren Fortschritt festhalten. Wenn Sie das tun, dann vergessen Sie nicht, wie Sie die neue Phase oder Situation in Ihrem Leben geschaffen haben.

Die Spinne übermittelt eine Nachricht von etwas anderer Art, wenn sie sieht, wie Sie sich etwas zu sehr darin verlieren, an dem Gewebe Ihres Lebensplanes zu weben, so daß Sie nicht merken, welche Möglichkeiten sich am Rande Ihres Netzes auftun. In diesem Fall will die Spinne Ihre Aufmerksamkeit darauf richten, daß irgend etwas, das Sie gewebt haben, Früchte getragen hat. Wir gratulieren! Die Spinne hat Sie gerade noch rechtzeitig erwischt, bevor Sie dieser Gelegenheit am Rande Ihres Gewebes oder Ihrer Wirklichkeit verlustig gegangen sind.

Die wichtigste Botschaft, die die Spinne Ihnen zu übermitteln hat, ist die, daß Sie ein unendliches Geschöpf sind, das die Lebensmuster durch die Zeitläufe hindurch weiterwebt. Versäumen Sie nicht, die Offenheit des ewigen Plans zu entdecken.

AUF DEM KOPF STEHENDE SPINNE

Die umgekehrte Spinne ist den negativen Seiten der Frau verwandt. Die Spinne frißt ihren Gefährten auf, wenn sie zu sehr in sich selber gefangen ist, als daß sie den Wert der männlichen Energie schätzen könnte. Der Krieger an ihrer Seite ist ein sehr wichtiger Ausgleich. Wenn Sie allzu verächtlich Ihrem Gefährten (oder Ihrer Gefährtin) gegenüber empfinden und sich allzu sehr überlegen fühlen, dann haben Sie nicht genügend Hochachtung für Ihre eigene männliche bzw. weibliche Seite.

Wenn Sie gerade nicht in irgendeiner Beziehung stehen, dann haben Sie sich ein Familienmitglied oder einen Berufskollegen zum Ärgern ausgesucht. Diese Art rein negativen Kritizismus'zerstört Beziehungen und ist nur Ausdruck davon, daß Sie etwas an sich selber hassen. Wenn Sie versuchen, Ihr Ego auf diese Weise zu nähren, haben Sie das Spiel bereits verloren. Sie sind in das Netz Ihrer eigenen Täuschung darüber verwickelt, wer Sie wirklich sind. Es ist Zeit, daß Sie einmal prüfen, warum Sie so kritisch sind und warum Sie sich so schwach fühlen, daß Sie andere angreifen müssen.

Falls das nicht auf Sie zutrifft, erwägen Sie eine andere Botschaft, die die umgekehrte Spinne für Sie hat: Mangel an Kreativität. Wenn Sie Ihre Talente nicht dazu nutzen, Ihr Netz in Schwingung zu bringen, dann kann Ihr Mangel an Kreativität in Zerstörungswut umschlagen. Wenn Sie das Gefühl haben, daß Sie stagnieren, unfähig, in eine positive Richtung zu treiben, dann fangen Sie an, anderen ihren Erfolg vorzuwerfen. Dieser nagende Vorwurf wird zur Schwarzen Witwe, die Sie auffrißt, und der einzige Trauergast sind Sie selber. Machen Sie sich auf, finden Sie Freude und neue Anregungen in dem, was andere erreicht haben, und nützen Sie deren Energie, um sich selber in eine neue Phase kreativen Spinnens hineinzuschleudern. Beobachten Sie das Gewebe der Spinne genau und genießen Sie die Anregungen, die Sie aus ihrer universalen Sprache bekommen.

Kolibri . . .
Lustige kleine Schwester,
Du bittest so dringend um Nektar!

Alle Süße der Blumen
Ist die Liebe, die Du gabst.

44
Kolibri

FREUDE

Der Kolibri ist traditionell mit der »Geisterhemd-Religion« verbunden. Sie lehrte, daß ein bestimmter Tanz, wenn man ihn genau ausführte, die Rückkehr der Tiere und das Verschwinden des weißen Mannes bewirken würde. Die Ureinwohner würden dann noch einmal die Freuden der alten Lebensweise genießen können. In der Lehre der Maya gehört der Kolibri zur Schwarzen Sonne und zur Fünften Welt. Der Kolibri gibt uns die Medizin, mit der wir das Rätsel des Dualismus lösen können.

Das Lied des Kolibris weckt die Medizin-Blumen auf. Das Summen des Kolibris ist ein Schwingen der reinsten Freude. Die Blumen lieben den Kolibri, weil sein Nektar-Sammeln ihre Familien vermehrt. Pflanzen blühen und leben für den Kolibri.

Der Kolibri kann in jede Richtung fliegen: hinauf, hinunter, rückwärts und vorwärts. Er kann auch auf der Stelle stehenbleiben und aussehen, als würde er sich nicht bewegen. Der Große Geist erschuf den Kolibri so, daß er sich etwas von den anderen gefiederten Wesen unterscheide.

Wegen ihrer magischen Eigenschaften sind die Kolibrifedern während der Jahrhunderte immer als Liebeszauber benutzt worden. Es heißt, der Kolibri beschwört Liebe herauf, wie kein anderer Zauber, und Kolibri-Federn öffnen das Herz-Chakra. Ohne ein offenes und liebendes Herz kann niemand den Nektar und den Segen des Lebens genießen. Für Bruder und Schwester Kolibri ist das Leben ein Wunderland der Glückseligkeit – wie ein Pfeil von einer prachtvollen Blume zur anderen, von ihrem Wesen kosten und ihre Farben ausstrahlen.

Wenn der Kolibri Ihre persönliche Medizin ist, dann lieben

Sie das Leben und seine Wonnen. Ihre Gegenwart erfüllt auch andere mit Freude. Sie bringen Menschen zusammen und locken damit das Beste aus ihnen heraus. Instinktiv wissen Sie, wo die Schönheit wohnt und, egal ob es weit oder nah ist, machen Sie sich zu Ihrem Ideal auf den Weg. Sie bewegen sich elegant in jeder schönen Umgebung und helfen anderen, am saftigen Nektar des Lebens Geschmack zu finden.

Der Kolibri hält den Bogen der Schönheit, der mit Gold- und Silberblumen aufs Feinste eingelegt und mit Perlen und edlen Juwelen geschmückt ist. Der Kolibri verachtet Häßlichkeit oder Grobheit und fliegt vor Mißstimmung und Disharmonie schnell weg.

Wenn der Kolibri in Ihre Karten geflogen ist, dann werden Sie bald hell auflachen und sich an den vielen Geschenken des Schöpfers erfreuen. Lassen Sie Ihre Neigung zum Urteilen sausen und entspannen Sie sich. Der Kolibri wird Ihnen ohne Frage blitzlichtartig zeigen, wo Sie den Geist finden: hier, dort, überall. Halten Sie sich dafür bereit, daß Sie einen seltsamen Ausbruch von Energie spüren, der Ihre Sinne taumeln läßt.

Der Kolibri nimmt himmlische Musik wahr und lebt in Harmonie mit Ihrer Schwingung. Vielleicht lädt er Sie in eine Kunstausstellung oder ein Konzert ein. Der Kolibri begeistert sich für die höchsten Ausformungen der Ästhetik.

In Gegenwart des Kolibris dürfen Sie nie rüde sein, denn es ist eine sehr zerbrechliche Medizin, die weltlichen Dingen gegenüber verständnislos ist. Das Ziel ist Schönheit, und der Kolibri verbreitet Freude oder wird zerstört. Eingefangen im Käfig stirbt der Kolibri sehr schnell.

Folgen Sie Schwester Kolibri, und bald werden Sie voll sein vom Überschwang der Freude und erleben, wie sich die Magie des Lebens in neuem Licht zeigt.

AUF DEM KOPF STEHENDER KOLIBRI

Ganz gleich wie der Kolibri in Ihren Karten erscheint, immer spricht er von Herzensangelegenheiten. Wie oder warum hat sich Ihr Herz-Chakra verschlossen? Haben Sie etwas Hinterhältiges getan, so daß jemand, der Sie vorher geliebt hat, sein Herz jetzt verschließt? Der umgekehrte Kolibri kann Sorgen vorausahnen lassen und die Unfähigkeit, die vielen Segnungen, die wir Zweibeiner erhalten und die ursprüngliche Schönheit, die uns umgibt, richtig wahrzunehmen. Wenn der umgekehrte Kolibri seinen verlassenen Gesang anstimmt, sollten Sie eine Reise in Ihren persönlichen Schmerz hinein unternehmen und wissen, daß Ihre Sorge Ihre Freude ist – nur anders beleuchtet und gebrochen.

Zu den Autoren

Die Autoren sind beide in der indianischen Tradition verwurzelt.

David Carson ist Autor zahlreicher einschlägiger Beiträge in Zeitschriften und Filmen, die sich mit Problemen der Gesellschaft und besonders der Minoritäten befassen. Er ist von Geburt aus ein Choctaw, aufgewachsen in Oklahoma und hat in Reservaten der Cheyenne, Crow und Sioux in Manitoba und Montana gelebt.

Jamie Sams ist Medizin-Lehrerin und Mitglied der Lehrer-Loge des Wolf-Clans aus der Nation der Seneca. Ihrer Abstammung nach ist sie Irokesin und Choctaw. Ausgebildet wurde sie in der Medizin der Seneca, Maya, Azteken und Choctaw. Während der 70er Jahre lernte Jamie bei Lehrern der Maya und der Azteken in Mexiko. Sie hat in England, Frankreich, Ägypten, Kenya, Mexiko, Peru und Guatemala ebenso gelehrt, wie in den Vereinigten Staaten.

Notizen

Hermann Schweyer, Marianne Scherer

Die Kabbala Lebensanalyse

Das Energiebild unseres Lebensweges
Set mit Buch, Karten und Berechnungs-Programm auf CD

Hinter jedem Namen und Geburtsdatum verbirgt sich ein Energiebild. Diese energetische Momentaufnahme wird aus dem Herz der uralten westlichen Mysterienschule, der Kabbala, abgeleitet. Das zentrale Symbol der Kabbala ist der Lebensbaum als Abbild universaler Gesetze. In diesem Set offenbart der Lebensbaum über die Umsetzung in ein persönliches Energiebild die Lebensziele und Lernaufgaben, also den Entwicklungsweg eines jeden Menschen. Die Kabbala wird hier als Beschleuniger und Transformator auf dem Weg zur Selbstverwirklichung eingesetzt. Dabei ist die Kabbala einzig Anregung – der Erkennende ist der Mensch, der das Erkannte bewusst und im Einklang mit seinem Selbst umsetzt.

Handbuch mit 176 Seiten, 22 Kabbala-Karten und Berechnungs-Programm auf CD
ISBN 978-3-89385-419-6
www.windpferd.de

Catherine Becker

Die Mana-Heilkarten

Die Kraft hawaiianischer Weisheit

Für die Schamanen Hawaiis sind Mana-Karten ein heiliges Werkzeug der Weissagung und Entdeckung von verborgenem Wissen über uns und unsere Umwelt. Die 44 Karten dieses wunderschönen Sets verdeutlichen mit ihrer fundierten, auf den westlichen Menschen ausgerichteten Interpretation neue Perspektiven auf aktuelle Lebenssituationen und bislang verborgene Chancen für die Zukunft.
Zugleich sind die farbenfrohen Karten ein Kraftpaket zur Steigerung der Lebensfreude. Ihre klare Symbolik tritt in Kontakt mit archetypischen Seelenbildern und intensiviert „Mana", unsere Lebenskraft. Wir fühlen Freude, Hoffnung, Vertrauen und Gelassenheit.

Set mit Buch und Karten
44 Karten und Handbuch mit 208 Seiten
ISBN 978-3-89385-514-8 · www.windpferd.de

Mangala Billson

Intuitives Tarot

Die Stimme des Unbewussten als Werkzeug für die bewusste und spirituelle Entwicklung – Mit dem Crowley-Tarot –

Dieses Buch enthält die Synthese einer dreißigjährigen Liaison mit dem Tarot und bietet eine große Tiefenschärfe im Umgang mit den Seelenaspekten des Tarot. Der Tarot spiegelt das Unbewusste wider – jenen Teil in uns, der schon dicht unter der Oberfläche schlummert, weil er entdeckt und bewusst gelebt werden will. Berühren lässt sich dieser Teil über den Pfad der Intuition. Deshalb zeigt die Autorin uns, wie wir das intuitive Element nähren können, um Bewusstheit und Achtsamkeit zu fördern. Mangala Billsons persönlicher Weg mit dem Tarot öffnet für uns das erste Tor zur Begegnung mit jener geheimnisvollen Bilderwelt der Karten. Beim Durchschreiten eines weiteren Tores erhalten wir dann die Schlüssel für die Technik des intuitiven Deutens.
Eine tief gehende psychologische und spirituelle Begegnung mit dem Tarot.

256 Seiten
ISBN 978-3-89385-446-2
www.windpfed.de

Marion Röbkes

Handbuch der Karten-Legetechniken

Die beliebtesten Orakel für Wahrsagekarten. Mit Interpretationen für Tarot, Kipper, Lenormand, Praeciosa, Skatkarten ...

Die beliebtesten Karten-Legetechniken – für Tarot, Kipper, Lenormand, Skatkarten ... Endlich gibt es ein Buch, das die Besonderheiten der Legetechniken verschiedener Wahrsagekarten herausarbeitet und genauestens erklärt. Jede Karte erhält nämlich erst ihre grundsätzliche Bedeutung gemäß ihrer Position im Legesystem. Ein höchst spannendes Handbuch als einzigartige Ergänzung zu vielen Wahrsagesystemen. Marion Röbkes, die Expertin für Wahrsagesysteme, präsentiert leichte bis Profi-Legesysteme. Mit diesem Buch findet man immer die richtige Deutung.

160 Seiten
ISBN 978-3-89385-299-4
www.windpferd.de

Ulrike Hinrichs · Petra Schneider

Die großen Meister-Karten

Die Energie der aufgestiegenen Meister

Das Set mit 21 wunderschön und einfühlsam illustrierten Karten weist den Weg zu den aufgestiegenen Meistern. Sie stellen eine höhere Oktave esoterischer Arbeit dar. Kommen wir in Kontakt mit ihren Energien, dann entsteht eine Verbindung zu geistigen Prinzipien, die das spirituelle Wachstum fördern.
Neben einer Anleitung zum Umgang mit den Karten und Legetechniken gibt das Deutungshandbuch ausführliche Hinweise zur Situation des Fragenden und eine Antwort mit Handlungsanweisung und weiteren Fragestellungen.
Ein Set, das viele Wege zur Selbstfindung und Selbsterkennung weist, und ein spiritueller Ratgeber gleichermaßen.

Buch mit 64 Seiten und 21 Karten
ISBN 978-3-89385-287-1
www.windpferd.de

Marion Röbkes

Die Kipper-Wahrsagekarten

Das Handbuch der Zukunftsvorhersage mit dem traditionellen und beliebten Wahrsagesystem der Zigeuner

Dieses Set enthält alles, was für das Wahrsagen mit den beliebten Kipper-Zigeunerkarten benötigt wird: Eine Neuausgabe der Karten, gemalt von dem esoterischen Künstler Salish, zusammen mit einem umfassenden Handbuch, in dem jede Karte einzeln mit vielen Deutungshinweisen genauestens beschrieben wird.
Im Laufe der Jahrhunderte wurde die Gestaltung der Kipper-Karten immer wieder verändert – und heute sind viele verschiedene Kartenspiele im Umlauf. Die Besonderheit der Karten dieses Sets besteht darin, dass sie wieder in der ursprünglichen – nicht seitenverkehrten Weise gezeichnet wurden. Der Künstler hielt sich bei der Symbolik an die Karten aus der Zeit der Jahrhundertwende.

Buch mit 272 Seiten und 36 Karten
ISBN 978-3-89385-279-6
www.windpferd.de